LOCUS

LOCUS

LOCUS

LOCUS

from

vision

from 68 生活不用大
the not so big life
作者：Sarah Susanka
譯者：吳貞儀
校對：呂佳真
責任編輯：陳俊斌
美術編輯：何萍萍
法律顧問：全理法律事務所董安丹律師
出版者：大塊文化出版股份有限公司
台北市105南京東路四段25號11樓
www.locuspublishing.com
讀者服務專線：0800-006689
TEL：(02) 87123898　FAX：(02) 87123897
郵撥帳號：18955675　　戶名：大塊文化出版股份有限公司

總經銷：大和書報圖書股份有限公司
地址：台北縣五股工業區五工五路2號
TEL：（02）89902588（代表號）　FAX：（02）22901658
排版：天翼電腦排版印刷有限公司
製版：源耕印刷事業有限公司
初版一刷：2010年11月

定價：新台幣 350元
Printed in Taiwan

the not so big life
生活不用大

Sarah Susanka 著
吳貞儀 譯

無限感激我們的導師

看著塵埃粒子在窗邊光影中移動，
它們的舞蹈就是我們的舞蹈。
我們鮮少聽到內心的音樂，
然而我們仍全隨著這音樂跳舞，
由我們的導師指揮，
陽光的單純喜悅，
我們的音樂大師。

——傑拉魯丁・魯米（Jelaluddin Rumi）

目次

導言

大約十二年前的某個夜晚，我躺在床上讀一本輕小說。多年來，結束緊張忙碌的一天後，我總會藉此紓壓，而且通常都有效。但在那一夜，我卻突然覺得沮喪。於是我放下書本，試著釐清是什麼念頭令我惱怒。「真的僅止於此嗎？」一個念頭閃過腦海：「我這輩子就只有這樣嗎？我是個成功的建築師，一家四十五人公司的執行合夥人，肩負許多責任，面對大量挑戰，待辦事項清單像阿婆的裹腳布那麼長。我成天努力工作，有接不完的電話和開不完的會。每天都得維持驚人的步調，才能處理完幾十件公私要務。這就是我的『日常生活』。一天下來，回到家通常已超過八、九點，這時我會做些不花腦筋的事，好從白天的心情抽離，換得一夜好眠，以應付同樣繁忙的明天。人生應當有比這更有意義的事吧。」

正視這個問題後，我知道自己得有所改變。我看到，甫成年時的夢想和此刻眞實的生活，存在落差。高中時代，我總是滿腦子想法和理念。我想研究腦部如何運作，想探究讓事物顯得美麗、方程式漂亮的原因，想設計出令人心情雀躍的建築，還想和關心自己居所與工作環境的人共事。但我最想做的，是寫作。我喜愛寫作，當我靜下心來，讓文字從指尖流瀉而出，便有股神奇的感覺湧現——筆下字詞的意義，使我更深入了解書寫的主題。內心深處，我知道這才是我眞正熱愛的事；我渴求找到時間與空間，實現夢想。

可惜，雖然我實現了一、兩項早年的志向，眼前的生活卻沒有餘裕做其他事。與其說我的人生充滿意義、不停追求內心的欲望，還不如說我的人生塡得太滿了——塞滿了責任。說眞的，那天晚上我簡直快要窒息了。我了解到：倘若不調整生活的輕重緩急，下半輩子就會一成不變地過下去。車子以定速在人生道路上行駛，我卻在車裡睡覺，還深信自己始終朝著某個重要的地方前進。但直覺提醒我：我正錯失旅程中最重要的部分——需要警醒、覺察和全心投入的部分。我的生活是那麼混亂、那麼**龐雜**，情況難以抑遏，導致快速的步調成了生活唯一的色調。

我彷彿大夢初醒，突然間，成年的我頭一次活了起來。如今，學習在每天的活動中保持清醒，並盡快找出保持清醒的方法，似乎成了首要之務。通常要在鬼門關前走過一遭，或者重病患者，才會有這層體悟。但我都不是。我能領略到這一點，並非外界事物使然，而是靜下來聽見自己內心的聲音。上天在我頭上敲了一記，引領我以嶄新的方式檢視自己的現況。

就從那天起，我開始探索改變生活的可能性。我繼續擔任建築師，但也開始端詳自身和我填滿日子的方式，觀察我生活的「地基」。當我開始質疑過去的信念，周遭有許許多多的門陸續打開，而過去我從不知有這些門存在！我開始簡化生活，把焦點放在對自己眞正有意義的事物上。此外，我還抽空寫作，釋放長期被忽視的熱情。心之所欲對全然覺醒的人生非常重要，正因爲我做了自己眞正想做的事，「房子不用大」（Not So Big House）系列叢書才得以誕生。

事實上，「設計出每天都能讓我們振奮的房子」這想法，就是源自於我的「生活不用大」哲學。而「不用大」這個詞彙，是我全心投入寫作後才創造出來的——就在寫第一本書的導言時，神來一筆。透過寫作的過程我才明白，有些要緊的事情我早已知道，過去卻不自覺。但寫下這個詞彙後我發現，不管設計住宅或過日子，「不用大」最能解釋我們在規模、步調和比重上遭遇的難題。

你我沒什麼不同。不管是誰，都能從過度緊湊的生活中清醒，做自己長久渴望的事。責任、差事、電子郵件、親朋好友……，身處一團亂的現代生活，我們可以放慢腳步，讓自己眞正「參與」正在做的事。我們可以開始過充實、豐富、充滿活力、「不用大」的生活，全然體驗所遭遇的一切，讓心靈和情感得以茁壯、成長。就像我容許自己探索正職以外的事物，你會發現，你也能追求自己特質中尚未展現、但渴望獲得解放的面向。

如今，我以這種新模式做爲生活的**核心**，而不是如大家想像的，以建築師或作家的職涯爲重。職涯是人生的內容或情節，但新的生活模式讓我得以開發愈來愈多的潛能。這是「生活不用大」哲學的應許，對於有心讓生活更平衡、更和諧且更有意義的人，一律適用。如果你想改造生活，請依照下文藍圖中的指示行動。你將發現，生活眞的比你現在所知更有意義。我已經迷上這種生活，但願也能感染你。

原則

構成

構成良好的事物具有一種完整感，而且內外皆然。一間構成雅致的房子，從任何角度看都很平衡，擁有獨具的美感與和諧。建築師用「構成」一詞形容形體間的交互關係，不管是在全局層面（例如屋頂和牆壁如何銜接，以及牆壁和地面如何銜接），或細節層面（例如右圖中窗戶和周圍的平面如何銜接。此處的周圍平面指的是書櫃和降低的天花板）。

現今許多新房屋，正面構成通常經過設計，以相當平衡且漂亮的「臉孔」面對

街道。但只要往兩邊多走幾公尺，就會發現側面宛如另一棟房子——沒有任何設計，像是隨意拼湊而成。這使得房子看起來很不眞實，彷彿虛有其表。

我們的生活，同樣有這種情形。有多少人外表光鮮亮麗，其實內心空虛、恐懼，而且做的都不是自己渴望的事？構成良好的生活才擁有裡外相符的眞實，讓你得以實現夢想，並找到方式表達自己的美。運用生活經驗持續探索自己的內在本質，就能創造美麗而充滿生氣的架構。

不管設計房子、寫小說，還是過生活，令人滿意的構成在在需要時間、細心，以及內省。本章將教你如何建構「不用大」的生活。

1 規畫新生活的藍圖

一如往常，今天我們空虛且恐懼地醒來。
別打開書房的門，也別找書讀。拿起一件樂器。
讓我們做自己喜愛的美好事物。
跪下親吻土地的方式有上百種。

——魯米

我們缺少了什麼?

今天，我們面對著一項大問題，這問題時時刻刻都在眼前，卻大到看不見。我們的生活都太「大」了，從早到晚塞滿看似必要的活動、急事和責任。沒有時間喘口氣，更無暇檢視問題的根源，而是拚了命在找解決之道。假如停下腳步，想像節奏更快速時生活將變成什麼模樣，我們可能會被絕望和徒勞的感覺壓垮。我們會被掏空，束手無策。

我們必須改造生活方式，但不會是透過擴充現有的空間來達成——這麼做只會讓生活變得更龐雜。我們需要的改造，能讓我們以不同的方式體驗已然存在的事物，進而使我們感到愉快，而不是把我們逼瘋。

你的生活跟你所住的房子很像。房子裡你喜歡和討厭的東西都有；有你經常使用的空間，也有心血來潮才會臨幸的角落；有經常需要保養的部分，也有不予理會卻能數十年不壞的部分。若時間和財力許可，幾乎所有人都會翻修房子。最理想的狀況是，房子所有的缺點都會依照我們的喜好改善，且有足夠空間存放我們最寶貝的物品。

真正的關鍵是：不管居家還是過生活，我們都想要自在。對此，我們通常的做法是修正自己察覺到、並判定爲問題根源的事物，例如空間不足、時間不夠。但有些問題出在質而不在量，因此不容易看到，也較難確認、描述與解決。倘若我們不了解自在感從何而來，就無法提升自在的程度。比方說，每天下班回到家，你總會覺得煩，因爲你得先經過洗衣間，推開待洗衣物的籃子、堆積如山的床單和毛巾，還有小孩的外套和鞋子……。你可能需要建築師來點醒你，你家進門的動線設計**不良**。問題不在洗衣間，而是你必須**穿過**洗衣間，才能進到屋裡。

生活也一樣。我們常以爲問題出在工作、老闆、保母或者另一半，試著調整，卻發現一波剛平，一波又起，自在生活遙遙無期。原因在於，事情和我們所想的不一樣。就像確認問題出在進門動線設計不良的過程，解決問題時，我們得先了解問題爲何發生。我們需要大幅調整看事情的角度，而以建築設計爲例，頗能幫助我們了解改變是怎麼一回事。

翻修房子時，無需大興土木就能轉變屋子的性格，但一定得評估哪裡原先規畫得不好，並確認什麼是你想要、但現在欠缺的空間。接著，你需要構思良善的設計方案，就現有空間做小幅修改，創造新的機能。之後，你還得製作一套藍圖，記下所有的決定。

最後，你必須動工；這一步說來簡單，卻最容易被忽略。再多的計畫都是紙上談兵，實際動手，改變才會成眞。

改造自己的生活也一樣。你可以博覽群書，東思西想，但唯有下定決心，貫徹計畫，事情才會開始不一樣。新學到的生活方式必須融入你的每一天，像洗手、刷牙那麼自然，而不是週末餘暇偶一爲之。解決生活太大的問題有兩個步驟：第一，我們需要知識，才懂得用新的角度看待事物；其次，我們必須以新的方式過日子、做事情，新知識才算成功融入原有的生活。

爲了完成生活的改造，我們需要藍圖，以及落實藍圖的指南——這正是本書所要提供給讀者的。大功告成後，你的生活內容不會有太大改變，但你將有餘裕做自己一直想做的事，也更能體驗自身等待發掘和實現的潛能。假如你遵循指定的步驟，融會貫通，改變**將會**發生，你也**將會**以新的方式和活力體驗人生。

那麼，要怎麼做呢？首先，讓我們一塊兒來檢視建構「生活不用大」的關鍵元素。以下先簡述計畫的各項步驟，之後的章節中我將會有更詳盡的說明。

一：規畫新生活的藍圖

人們習慣劃分自己的生活：工作是一個區塊，家庭生活是一塊，想和自己內在本質對話的欲望又是另一塊——我們知道什麼樣的生活方式應該可行，卻未眞正去實踐。切割生活，正類似用牆壁分隔空間。如果屋內隔間眾多且只以狹窄的走廊相通，不管房子再大，依舊會令人覺得窒息。空間感取決於空間之間相連景觀的大小。以拱門或內窗打穿一道牆，視線愈能延伸到相鄰的空間中，愈覺得房子寬敞。

同樣的，我們必須爲生活各層面做這樣的連結，移除其間的障礙；如此一來，無論工作或從事自己愛好的活動，都會感到活力十足，生活完整。我們需要整合自己的想望與工作，不必顧此失彼；若我們更了解內心的自己，兩者就能和諧共存。

二：找出令你振奮的事物

開始一樁建案時，我會請業主用照片說明他們喜歡什麼樣的房子，並告訴我他們最愛的自家角落。這些特色是帶來幸福感和家的感覺的重要因素，使他們每天期待回家。

我記得一位媽媽，她有三個活潑的男孩。她給我看一張照片，是家庭娛樂室中縮進去的一個小空間，裡頭擺了一張舒適的高背椅，正好能眺望窗外遠方的大草原。我問她，照片中最吸引她的是什麼，她說是對未來的憧憬，將來有一天，她除了坐看風景外，什麼都不必做，沒有任何責任、事情來煩她。照片捕捉住她目前所缺少的生活品質，在翻修計畫中安排這樣的空間，能鼓舞她爲自己找到這樣的時光。

還有一位五十多歲的業主，是一家中型製造業的執行長。他讓我看一張老照片，是他祖母的避暑小屋——孩提時代，他在小屋度過許多陽光普照的快樂時光。小屋是簡單的木板屋，沒有繁複的裝飾，這些特色令他回想起那些夏季中感受到的平靜和輕鬆。他現在的生活非常複雜、混亂，他想在新家中複製小屋的形式，以提醒自己那種單純的美好。

我們可以運用相同的方法，找出最能激勵自己的活動和嗜好。幾乎任何東西都能提供鼓舞人心、超越自我設限的素材。我們只需辨認出哪個空間最令我們感動，然後將其元素融入日常生活，就像建築師在翻修房子時置入最令你自在的空間。

三：確認哪裡有問題

知道能鼓舞新業主的事物後，接著我會問他們，覺得家中哪裡規畫不佳。他們會帶我參觀各個房間，指出有問題的地方。他們常常提到，廚房工作區域的配置不理想，比如準備料理時，沒有地方供其他人坐下來。但他們不了解「廚房孤立於主活動區域之外」的缺點，往往比他們看到的其他問題更要緊。建築師的職責就在於：在顯而易見的問題之外，看出房子整體規畫的嚴重缺失。

相同地，我們可以輕易說出自己想做的事，以及如何更有效率地做我們**該**做的事，照理說，這樣就能騰出空檔做有趣的事。然而，我們往往不明白，眞正的問題不是沒時間，而是我們利用時間的方式。我們以爲問題出在做事的順序，其實是出在我們「怎麼」做事。如同改造廚房的建築師，我會教你用不同的觀點看事情，以釐淸眞正的障礙，過有意義的生活。

四：移除雜物

找我改造房子的客戶，幾乎人人都有祕密收藏的雜物。第一次檢查房子時不一定會發現，但打開某個衣櫃，或者往床底下仔細一瞧，就會發現各種已經用不著的舊物。這些客戶家裡大都也有顯眼的雜物堆，徒然占據空間、阻礙通行，讓人以爲房子裡已擺不進新的東西。翻修房子時，除了將視線可及的雜物清掉，還得清理隱藏的雜物，把衣櫃和抽屜空出來收納眞正該放的東西，也就是目前生活中經常使用的物品。

我們很容易看到工作或配偶帶來的挫折，但看不出挫折感源自自己的陳年舊習——或許曾派上用場，如今卻已用不著的行爲模式。這些習性，就好比堆在床底下的雜物，或是廚房吧台上雜七雜八的文件。老習慣使人習於用舊方法做事，想像不出略做改造能有什麼功效。用上一點心理學，以及大量的自我觀察，你會發現：只要有正確的工具，改造生活的素材每天都會自動送上門。

五：傾聽你的夢想

確切了解業主的好惡後，我會請他們詳述自己渴望的住宅是什麼模樣，但先別管經濟上能不能負擔。屋子很難完全依他們的夢想整修，但經過一番說明，我或許能做出一些他們以爲預算內絕對做不到的設計。

舉例來說，一位業主希望房子有間圖書室，但她知道不可能。然而在設計時，我發現樓梯上到二樓後的樓梯間相當寬闊，正好可以排上書架，做爲藏書的空間。不用說，她喜出望外。倘若她沒說出她的夢想，我絕不會想到這個點子。

我們的生活也一樣。若認爲夢想不可能實現就放棄做夢，我們便不會傾聽，夢想也永遠無法成眞。不論你是否相信夢能帶給你什麼（包括白日夢與夜夢），在「不用大」的生活中，你會開始明白：進到你生命中的一切，都蘊含著某種意義。在逐漸覺醒、認清眼前事物的過程中，夢就像路標，爲我們指引方向。

六：學會看穿障礙

面對業主時，建築師最大的挑戰之一，是協助他們想像我們的提案。我通常會用模型、手繪草圖，或是電腦透視圖和動畫，來展現房子翻修完成後的模樣。但對多數屋主來說，他們習慣了房子的現狀，要將想像具象化可是一項嶄新的技巧。即便最投入的客戶，要想像拆掉一堵牆或將廚房搬到現在餐廳的位置，都可能是很大的考驗。但如果他們能學會一些訣竅，就可能在動工前對改造後的空間有大致的概念。

改造生活時，「以嶄新的方式看待事物」同樣是必須掌握的重要技巧。剛開始，要能看穿現有的架構，並看到逐漸浮現的新模樣，似乎令人卻步。但只要透過練習便能做到。之後你將會發現，生活有各種彈性，過去的自己卻從不認爲可行，而且很快地，你就會看得到改造生活的可能性。

七：改善現有的品質

接下來，輪到改造的「創意工作」登場——以不同的角度來看房子，從現有架構琢磨出新設計。通常，你需要的不是更多空間，而是提升流動性，並重新配置空間，好讓你自在地依自己喜歡的方式住在裡頭。常有人問我，設計是怎麼產生的？這是個祕密，所有藝術家和創意人都知道，卻很少談論。建築師設計、畫家作畫或音樂家作曲時，他們其實只是個媒介。他們的職責，是蒐集執行創意所需的一切靈感和事實，然後退到一旁，讓藝術經由他們而產生。聽起來有些神祕，但這個過程發生時，卻是世上最自然的演變。

這是通往「生活不用大」的真正關鍵。當你做好所有準備，然後放手，改造生活的創意才會降臨。這正是改善現有生活品質的方式。願望能否成真不是你能完全操控的，但你能成爲願望實現的推手——只要你備妥所有工具，接著讓事情自然發生。我們都能擁有這樣的創意，但爲了實現創意，必須全然專注於手上的工作，而不去計畫、思考或擔憂創作最後呈現的模樣。

我們可以盡量讓生活處於這種創意流動的狀態。不論在職場或家裡，不論痛苦或滿心歡喜，只要有工具在手，開始將此狀態融入日常生活，你就會發現自己一直在尋找的生活意義自動出現。

八：創造屬於自己的空間和時間

最棒的業主不僅想要一間更棒的房子，他們還了解家是生活的平台，能進一步傳達出他們即將變成什麼樣的人。想讓房子成爲自我成長不可或缺的一環，最重要的步驟是找出一個空間，當作自己的避風港——不管多小都行。在這裡，你能靜下來與心中當下浮現的想法對話，可以從事嗜好或坐下來閱讀，也可以沉思和冥想。

這正是翻修房屋和改造生活的交集，因爲有了這樣的空間，你就會找時間去使用。這空間等著你造訪，許給你和自己之間一份更深刻的新關係，犒賞你留給自己片刻寧靜。許多房子多餘的空間有限，但這避風港不必時時存在。我認識有些人利用客房、餐廳一隅，必要時甚至動用更衣間。

同樣地，規畫生活時你可以選定一段時間，讓自己沉靜半晌，或是每天早上小孩起床前冥想幾分鐘。也許你決定早點下班，好在回家前到公園安靜地散個步。我們經常認爲繁忙的生活中擠不出一點時間給自己，其實只要認眞去找就會找到。

不管你如何命名這段空檔，重點是每天擁有一段不用思考、社交或工作的時間。留點時間和空間給自己，便是在「邀請內在本質成為你外在生活的一部分」。

九：完成施工階段

施工階段中，若要我建議業主該抱持什麼期望，我會請他們「務必接受事情的結果」。你可以做足一切準備，但凡事總有意外，因此你必須放輕鬆，處理所有出現的問題。倘若一遇到意料之外的難題就失控、生氣或沮喪，你會逼瘋自己和所有跟計畫有關的人。反之，能沉著應對每天的狀況，就會一切順利。

至於改造生活，同樣的建議也適用。開始之前，你必須了解過程中總免不了意外轉折和逆流，但你也得找到方法，以自己從未察覺的沉著來因應。翻修房屋或改造生活的實際動工階段，可能會是一段很棒的時光，因為你能看到每天的變化，並開始看出改造過程中所顯現的空間特質和性格。只要你專注於眼前該做的事，其他一切自然水到渠成。

十：搬進「不用大」的生活

工程一旦完成，接著就要搬進去住了。屋主可能會非常興奮，因為他們發現，翻修後帶來的新生活模式，也能自動轉變他們的生活。所有原先阻礙動線的物品都移除了，房子清爽許多，面積沒有增加，卻有了以往所欠缺的寬敞感受。生活自然而然地改變，新設計的特性讓一切活動或互動變得更有活力。

改造生活，也能提供同樣強度的轉變。落實改造計畫，短時間內生活方式就會大幅改變。你會變得更輕鬆、更愉快，更常注意到周遭的美，也有更多空間喘息，並從事自己真正喜愛的事。

十一：維持改造後的新生活

任何改造計畫的最後一步，都是將所有操作手冊和說明書交給屋主，讓他們能把新家保持在良好狀況。在亮眼的新裝下，房子看起來完美無瑕，但若缺乏長期保養和照料，就很可能回復翻修前的凌亂狀態。因此，我會鼓勵屋主每年至少檢視一次哪些設備需要保養，並且檢查各房間和空間設定的機能，確保一切運作正常。

就算你全力以赴要改造自己的生活，未來數十年間若沒有任何指南輔助你維持一切順利運作，終將前功盡棄。因此，改造生活的最後一步，便是創造一份使用者手冊，用於每年至少一次的例行性維護，以確保新生活方式持續對你有所助益，並隨著你的改變不斷演進。將此一檢視變成年度要事，就能確保你繼續發揮潛能。

十二：自在人生

整個過程最後也最棒的部分是：在整修後的建築內從事日常活動，你的生活將會全面改變。數不清的業主告訴我，他們從來沒想過，小小幅度的改造竟能大大影響生活。明尼亞波利斯（Minneapolis）城南有一對夫妻，住在一間很普通的平房多年；入住翻修的新家六個月後，他們邀我去作客。如今，他們自認住在夢想中的房子——過去他們一直想像，這樣的屋子得靠自己一磚一瓦才蓋得成，而且還要很久，可能是退休之後才能著手吧。他們從沒想過房子本身能夠激勵住在其中的人，但他們的新家就是最好的實例。

我希望，你的生活在改造後也能產生這種效果。倘若你一心一意要改變生活，你會發現所需的一切就在心中。用不著翻山越嶺；毋需走遍世界各地，尋找能讓你豁然開悟的人；不需要遠離親友；甚至不用換工作。你需要的只是全然的專注，以及開放的態度。其他一切，會在對的時刻自動送上門來。

當你能好整以暇處理眞正要緊的事，有充裕的時間和空間完整表達自我，生活會變成什麼樣貌？豐富和活力是必然具備的特質，但除非親身體會，言語實在難以道盡。即便如此，我們可以窺見一些具體特性。

關於眼前所做的事，你的壓力將會比現在減輕許多，而且不管發生什麼事，都能坦然面對，優雅地接受。以往會讓你煩惱好幾天的事，如今你已能當機立斷，然後拋諸腦後。你能以嶄新的觀點看待困擾你多年的人。他們可能依然故我（至少在他們注意到你的改變前是如此），但再也不會困擾你。所有的電子郵件、留言、簡訊、電話、會議，能依照自己的節奏處理，而不是被搞得筋疲力盡。簡單地說，你將掌控自己的生活。

一旦找到時間和空間傾聽內在的渴望，渴望就會開始實現。你會發現，自己原來滿具創意的；也會發現機會主動降臨，得以投入一直想做的事——不是因爲你去發掘，而是你已經準備好。你將發現：自己所擁有的比之前所想像的更多。改造將開放一些空間，融入現有的陳設。

登山家威廉・賀齊森・穆瑞（William Hutchison Murray）在一九五一年的著作《蘇

格蘭人的喜馬拉雅山遠征》（*The Scottish Himalayan Expedition*，常被誤爲德國文豪歌德〔Johann Wolfgang von Goethe〕的作品）中，形容得最貼切：

> ……一個人對自己做出明確承諾的當下，命運也跟著轉動。連串事件因此決定而起，各種插曲、相遇和有形的協助，都有利於自己；一般人通常做夢也想不到這會發生在自己身上。

穆瑞了解，一旦接受心靈的渴望，生命中出現的一切，幾乎都能用來闡釋你以更大熱忱投入的事。當我們願意全心投入，生命會以各種奇妙的方式刺激、引誘和邀請我們，但你必須願意調到對的溝通頻道，才能領受生命的滋養。做過一次，你就永遠不會再捨棄生命，因爲你將如實知道，眞正的養分和生活眞正的財富，就在這裡。這就是我所謂的「生活不用大」，在這種生活中，你非常清醒、沿路遵循指標，並全心投入讓自己感動的事。

準備你的「生活不用大」筆記本

閱讀本書以及做各章末尾的練習時，建議你拿個本子做筆記。接下來幾天展開生活大改造時，你也會需要筆記本，記錄自己學到了什麼。

這些年來，我用過各式各樣的筆記本——三環檔案夾、空白筆記本、橫格黃紙標準拍紙簿，乃至於電腦硬碟。因為本書的練習強調互動，能補充紙張的筆記本比較實用。比方說，第三章和第十章的問卷，「生活不用大」網站（www.notsobiglife.com）上有空白的英文版本可供下載，夾進筆記本裡。倘若你就愛漂亮的空白筆記本，無妨！必要的時候，在特定的區域貼上一、兩張紙即可。

重點是，筆記本的樣式要能讓你發揮最大的創意空間。你即將展開一段旅程，探索過去所不知道的自我，因此要確定筆記本能容納你所有的想法和洞見，收集在一處並適當地組織。

閱讀本書時，你可能會驚訝於一些未經消化的生活經驗浮上檯面。有一些已遭遺忘的美好記憶，讓你成爲今日眼中的自己。你可能也會想起一些悲傷、尷尬或受挫的回憶。探索內心世界時，甚至可能挖掘出一些令人略感害怕、一直隱而未見的事——如同遺忘在床底下的寶物。

這些都是自我發現的一環；看穿床底下的怪獸只是幻覺，是個重要過程。這群怪獸是不再適用的舊行爲模式，阻礙我們去做想望的事，導致生活無法進步。過去的恐懼使我們認爲，自己無法開創新生活，不曉得人生經驗可以豐富多元。如果閱讀時出現這種情況，你只要加以注意，想的話也可以記下來，然後繼續讀下去。處理自我認知的工具，自然會逐漸浮現。

每章結尾都有練習，最好做完再進入下一章；若不做練習，你從本書學到的會大打折扣。這意味著你得花更長的時間閱讀。請在筆記本中依序記下所有練習的答案，稍後再回頭參考。現在，請準備好筆記本，隨時記下想法和評論。如此一來，你將創造出個人專屬的旅途指南。久而久之，還能回頭參考之前的見解，幫助自己更了解眼下逐漸明朗的概念。

所有練習都清晰易懂，每一章的練習須使用一到十頁不等的筆記本。你可能也想記點別的，例如現在和將來都對你有益的策略、格言、問題及行爲訊號。一路往下閱讀，接近尾聲時，你爲自己量身打造的「使用者手冊」也即將完成。這是能讓你每年執行維修檢查、確保改造工程妥善運作的工具，我們將在第十一章討論。

接下來是你所需要的主要項目。你可能想加些別的，好讓筆記本更能反映個人興趣和氣質，但現在請先用這裡附上的分項清單，記錄你稍後想參考的項目。目前你只需爲這些頁面做好標籤，隨後我會解釋使用方法；不久之後，你將能依照自己的特殊需求和洞見修改筆記。

以下是你馬上會用到的主要項目（每個項目至少留五頁空白頁）：

- 扶持我成長的每日例行公事
- 改變日常生活模式的策略
- 要銘記在心的格言
- 要不斷問自己的問題
- 必須注意的個人行爲模式
- 洞見和頓悟
- 看起來會困擾我的問題
- 要深入查究的事物
- 個人的渴望和抱負
- 一般的沉思
- 生活中令人驚喜，且似乎與我正在讀的書有關的事件

第二章將用到的項目：

- 有意義的事物（留一到二頁）
- 有意義的時刻（留大約五頁）

其他章節各需十頁左右，但有些練習你在未來幾個月和幾年裡可能會想再做一次，因此需要更多頁數。

目前，你只需要做到這些。帶著筆記本，準備出發。看到吸引你的句子或想法，就記在合適的頁面上。你會發現：所有看似有趣、刺激或擾人的事物，都能幫助你更了解自己。而透過這個過程，你會發現愈來愈多的潛能，也會找到更多的工具來實現潛能。大約一個月後，當你回頭看這本筆記，會驚嘆自己的發現。就如同度假的照片，你的「生活不用大」筆記本將幫助你記住到過哪裡，以及沿途的發現。

原則

進門的過程

進屋的路線，引你從公共空間轉入私人領域，因此在建築設計上相當重要。進門並非只是穿過一扇門，而是一個過程——首先在街上看到房子，沿著某種路徑接近房子，站在門廊下準備進屋，按門鈴，最後屋主應門打招呼，迎你進屋。整個程序，讓你爲體驗房子內部做好準備。設計良好的進屋順序令人愉悅，會讓人喜歡上一間房子。反之，不協調或不討人喜歡的進屋順序，讓你尚未進門就確信

自己不愛這房子。

進入自己的內在生活也一樣，做好準備很重要。假如你未細想路徑就一頭栽進去，或許會連門鈴都還沒按，只匆匆往內一瞥，便判定自己不適合這屋子，而倉促離開。以恰當方式進入自己的內在世界需要一點時間，然而一旦建立程序，往後每次進入，都會感受到和初次探訪所見相同的整體與完善。

房子設計得好，外部裝飾未必華麗，屋內卻頗爲豐富，「不用大」的生活也是一樣。別人怎麼看並不重要，重要的是你如何接納自己。引領你來到家門前的一連串美麗地點，能讓你每天歡喜地回家；同樣地，爲通往內心最深處的旅程做準備，也能不斷帶給你愉悅。倘若你現在就將這道程序融入生活，下半輩子都將受益。所以，鋪上紅地毯，讓我們開始探索內在吧。

2

找出令你振奮的事物

在這世上，我們必須成爲自己希望看到的改變。

——甘地（Mahatma Gandhi）

找到靈感

當著手一樁翻修案，我總會先詢問業主，什麼能鼓舞他們？他們夢想中的家要有什麼元素？若是馬上動工，就無法想像更多的可能性。生活也一樣。雖然此時的生活可能挫折很多，你希望馬上改變，但執行新藍圖的第一步，絕對是找出能鼓舞你的事物。

成年後，當我們的職涯逐漸定型，能鼓舞我們的事物也經常不知所蹤。重新找回這些能量和熱情相當重要，因爲能給予我們宏大的視野。當你開始尋找有意義的時刻，最佳方式就是回顧過去，回到童年時期，大人還沒有將期待加諸你身上的時候。那時什麼事能讓你振奮？什麼最令你感動？爲什麼？想找出此刻能鼓舞你的事物，這些動力和渴望會提供線索。

我將述說自己探索的過程，以及這過程如何讓我的日常工作更密切反映幼時的喜好；要是我不曾傾聽內心的渴望，就不可能辦到。人天生會對某些活動感興趣，只要學會辨別興趣所在，就能找到一輩子的飯碗。懂得觀察，熱情就像是羅盤，指引你趨近最適合自己的能力。

童年時，「恍然大悟的時刻」最能吸引我的注意力。偶爾，當天時地利人和俱全，我會感覺時間宛如不存在；沒有預警，像是變魔術一般，令人瞠目結舌。我很愛這樣的時刻，因爲知道自己瞬間充滿了生命力。我想知道這是怎麼發生，以及爲何發生。

十歲時，擔任工業工程師和產品設計師的父親，帶我去倫敦參觀奧利維蒂（Olivetti）打字機公司舉辦的展覽。我對打字機已經沒什麼印象，但那場展覽教我心醉神馳。展場搭建在莊嚴老建築環繞的庭院中，建築師創造出一個充滿封閉走廊的迷宮，每條通道都巧妙地誤導參觀者的感官。打字機展示廳之間的走廊大都有斜坡或逐漸降低的天花板，穿梭其中時，身體彷彿忽大忽小，宛如《愛麗絲夢遊仙境》（*Alice in Wonderland*）的情節，其實是牆壁改變了空間的形狀。

其中有一條走廊，特別令我印象深刻。空間既暗且長，處處有轉角，所以看不遠。牆壁和天花板能反射光線——不像鏡子那麼閃亮，但能反射現場幽暗的燈光，營造柔和的光影。通道突然轉彎，新的一段走廊末端，一個明亮的焦點倏地劃破黑暗。耀眼的光束下放置著一架打字機。我目瞪口呆。方向驟變、空間瞬間由黑暗轉爲大放光明，這種體驗非言語所能形容。我感受到絕對的存在，感受到沛然喜悅的震顫。

接下來好幾年，我最愛的一個驚嘆詞就是「奧—利—維—蒂！」，用以表示興奮和滿溢的熱情；有時用唱的，有時吟誦，抑揚頓挫的音韻所代表的意義，遠超過「某打字機品牌」。對我來說，這個詞彙和某個神奇時刻難以切割，當我在一個大謎團的邊上保持平衡，時間靜止了。活著的強烈驚奇感滲入每個細胞，我眞正開始了解，空間和光線的力量，能影響我的意識狀態。雖然這是近四十年前的事了，那一刻的記憶至今歷歷在目。

就像夢中影像的象徵意義，我們清醒時的所有象徵有一種流暢的關聯，能幫助我們解釋生活中的事。上述故事看似與打字機有關，事實上透露出我對空間和時間的迷戀。因此每當想到打字機或電腦鍵盤，我就知道要去找和空間與時間相關的隱藏含義。

換你了

這是讓你啟用筆記本的第一項練習，歸類在「有意義的事物」項目底下。你是否想起生活中任何有意義的事物？列出看起來涵藏著意義的事物。你可能會發現，每當有大事發生，那些特定事物總會出現——即使你還不知道其背後的含義。若有這樣的事物，記下來；現在想不出來也沒關係，繼續讀下去，它們自然會逐漸現身。

爲新事物騰出空間

雖然年幼時迷戀時間變形和暫停片刻的能力，但我也極痛苦地發現，這輩子都在跟時間搏鬥——如何有效地利用時間、如何在相同時間內有最大產能，以及如何避免被時間駕馭。二十多歲時，當有人問我最近過得如何，我總是立即回答：「太忙了！」我逐漸領悟到，雖然我總認爲**太忙**只是暫時的，其實這是我的世界中最恆常不變的面向。經過幾年的自我觀察，我開始懷疑這種狀況是不是自找的。是不是自己讓太忙成爲最重要的生活樣態？

我注意到許多事都能鼓舞我，也注意到自己希望**有空時**能寫寫書、學另一種語言或是大提琴。然而這些想望都未曾實現，因爲我……太忙，太忙，太忙。於是我開始揣想，或許能設法找時間實現一件想做的事。既然我還懵懵懂懂時就想當作家，我決定每個星期抽空寫點東西。我將這件事鄭重排進行事曆，如同和業主見面一樣重要——依我忙碌的程度，此舉眞是匪夷所思。我告訴自己，絕不會犧牲寫作時間，也願意承擔後果。

於是，每週二和週四，我與電腦的晨間約會就此展開。當時我並不知道自己的人生即將急轉彎，而且鍵盤將居中扮演要角。剛開始，我也不清楚寫作的意義是什麼。我知道自己想寫關於建築的書，那是當時我最大的熱情和事業方向所在，但不知道該採取何種形式。有好幾個星期，我只是寫給自己看，有點像寫日記，同時思量書的方向。

父親早年給的建議，經常浮現在我腦海。青春期時，我決心成爲小說家，他曾睿智地建議我，等我眞正有話要說時再當作家不遲。過去十年我常覺得，現在我有了足夠的專業知識，也準備好要表達意見，但矛盾的是，我自認再也沒有時間表達了。我正値事業巔峰，連完成建案的時間都不夠，更別提其他事情了。一直到我質疑「自認太忙」，才發現時間老早就在等我。眞是個奧利維蒂時刻！

我只需釐清想把哪部分的專業知識化爲文字。當我在公開演講中談論住宅設計——我建築事業的核心，似乎很能吸引聽眾。我以淺顯的詞彙告訴大家，好的設計能鼓舞我們，並且影響我們感到幸福的程度。我知道住宅不只是遮風避雨的地方，我想分享自身對於三度空間（不只規畫平面，也關注空間的高度）的設計知識。執業多年，我發展出一些語彙，好輔助說明建築師運用的各種原則。我想，或許應該寫這個題材。

我會進入建築領域，是因爲一直深受空間經驗所感動——美麗的建築和空間設計會把我帶進狂喜狀態，就像奧利維蒂打字機展的體驗。藉由描述自己對空間經驗的熱愛，我能將這股熱情傳達給他人。

幾經考慮之後，我決定將過去在演講中教給大家的東西寫下來，以簡單的詞彙描述自己發展出來的原則，幫助收入一般且沒受過設計訓練的人，將住家建造成更舒適的居住環境，並更加眞實地表達居住者的自我。

寫書的念頭使得我爲自己打造了一個新家，以圖解書中所有概念。我必須拿一個樣本告訴大家，現今的房子可以摒棄制式的房間（例如客廳和餐廳），將錢花在**眞正**會使用的空間上。

設計過程中要找出自己喜愛的空間，沒想到也得花那麼多時間探索內心。我爲客戶設計過上百間房子，知道這過程爲時甚久——有些人說，簡直像接受治療。但我認爲這次不一樣，因爲我是吃這行飯的。我原本就會設計房子，但很快就發現自己跟所有業主一樣，迷失在各種可能之中。

我經常感嘆，通常我們一結婚就得和另一半分享家中所有空間。生了小孩，孩子們大都也會有自己的房間。但父母即便彼此品味截然不同，使用的居住空間卻永遠像連體嬰。我們能否容許自己享有一方全然個人的空間，藉由從事嗜好或冥想，滋養渴望表達的自我？我沒發覺，這麼多年來，我一直在談論自己渴望擁有的空間。

隨著設計逐漸成形，我勇敢地考慮這個可能性，但不確定是否可行。我想要一個可以冥想和寫作的地方，但絕不能像辦公室。那將是我的聖地，表達內心澎湃的地方。我第一次提出這論點，並納入設計圖；設計愈到最後階段，我愈確定這空間的必要性。最後，我將這空間安排在房子最上層，類似閣樓的地方，得靠梯子上下；有一扇落地窗，冥想時能眺望遼闊的密西西比河谷。我喜歡幾何圖形，因此將房間設計成等邊三角形，牆壁非常斜——這房間不是讓人站立或跨大步走動的，而是蜷曲著身子讀一本好書，或聽聽自己最愛的音樂。真的非常舒適。

第一次踏進我的專屬空間，並在冥想墊上坐下的那天，神奇的事發生了。我覺得自己彷彿已在那兒坐了一輩子，而且會一直坐下去。我和真我（true Self）——更有覺察力，因此層次更高的自我——超越時空相連結。記憶中所有全神貫注的時刻，也一道出現。這的確是極其深刻的經驗，和童年的奧利維蒂時刻一樣意外降臨；之所以會發生，多少和我騰出時間與空間，安靜下來，傾聽自己內心的智慧有關。

接下來幾個月，「房子不用大」的原型完成，同名的書也開始成形，而且許多內容都是在我的閣樓裡寫的。我發現，當你爲了渴望的事勻出時間和空間，其他一切都會隨之改變；反過來則永遠行不通——若等到有空才做自己想做的事，可有得等了。

制約（conditioning）潛藏的危害有多大，難以想像。被制約的我永遠太忙，制約你的可能是另一種狀態，但同樣真實且令人沮喪。就像從不離水的魚不知水的存在，我們因爲習以爲常，往往忘了制約自己的事物，還以爲是外在世界密謀阻止我們隨心所欲。其實，障礙往往是自己造成的。

當你清楚**知道**現在就是行動的時機和地點，進而在內心承諾做某件事，周遭的世界便會神奇地改變，讓好事成眞。但那並非奇蹟，而是生命和意識流動的本質。當你的意圖明確，生命會主動支持，並擴散你的努力所引發的漣漪效應。我花時間寫這本書，幾個月後你讀到了；書將會影響你的生活，一如改變了我的人生。

從單一而完整的觀點來看，所有事物永遠處於完美的平衡。而難以理解、謎一般的第四向度——時間，和我們想像的完全不同。當我們懂得更有意識地利用時間，會看到嶄新且更加驚人的宇宙就在身邊，時時刻刻包圍著我們；我們將成爲時間之洋的魚。

瞥見未來

從小，大人就要我們相信，世界圍繞著我們，我們身處其中卻與世界涇渭分明。我們自認是宇宙中最重要的存在，世界以人爲中心旋轉。我們可能不認爲自己特別優秀、成功或迷人，卻會努力爲自己的舉止、觀點和品德辯護。我們全都被父母、學校和文化制約，立志成爲社會的中堅分子，因爲我們願意遵循遊戲規則，社會才得以存活。於是，我們每天上班、賺錢養家，同時購買適量的商品來支持這個消費社會。我們鮮少停下腳步，質疑事情是否眞如表象所呈現。制約告訴我們「是」，我們就接受。但是，能否用不同的角度來看事情呢？

我們會問這種問題，不是正好在度假，就是遇到親朋好友重病或去世，或者世界發生危機，例如九一一恐怖攻擊事件，或卡崔娜颶風摧毀紐奧良。這時我們才會從生活中抽離，認清手上的事和爆滿的行程並非眞正的自己。這時我們才會停下來質疑：「這眞是我要的嗎？」「這是年輕時讓我熱血沸騰的事嗎？」「這是我想像中的人生嗎？」

這種時刻的價值，是放慢腳步的第一個

> 牛頓（Issac Newton）的第三運動定律不僅適用於物理學，更適用於一切：所有作用力都有一個大小相等、方向相反的反作用力。在意識力學上，古老的神祕主義也有一句常被引述的話形容這項原則：如其在上，如其在下。(As above, so below.)

理由。慢下腳步時，我們至少有機會活在當下，有機會聽到一直都在的內在智慧。著有《神話：內在的旅程，英雄的冒險，愛情的故事》(*The Power of Myth*) 一書的當代神話學泰斗喬瑟夫・坎伯 (Joseph Campbell) 說過：

你必須有一個空間或某個小時或某一天，不知道當天發生了什麼新聞……在這個地方，你只需體驗和表達自己的現在和未來……剛開始，你可能發現什麼事都沒發生。但倘若你有一個神聖的空間並且使用它，最後必定會有事情發生。

這裡講的不是聽到天啓，也不是相信訓誡、天譴和超我的正當性。坎伯所說的是：當你騰出空間和時間，所謂「高層自我」(higher self 或 Self，指「靈性的我」) 會讓自己知道成長和成熟需要些什麼。這不是芝麻小事，也不是主觀判定，更不是別人的事。這種指引與你可能擁有的眞實和完整極爲協調，或許可以稱爲「直覺」。很不幸，我們沒有共通的語言討論這種認知，因此常不把它當一回事，或以爲應該避開或懼怕。

事實上，這正是當今許多人的渴望——感受到意義與滿足的道路。但大多數的人找錯地方了——他們總在自身之外尋找。今日，我們從事更多活動以求找到自我，但經常匆匆忙忙地做，比如利用午休或小孩參加游泳比賽的時間，趁他們去夏令營時更好。不管瑜伽課或創意寫作課、生態旅遊，或者靈修，我們潛藏的渴望是探索自己更眞實、和整體宇宙更加和諧的部分。我們共同走向新的生活方式。但少了分享願望和夢想的語言，而且不了解如何持之以恆，使我們的處境非常不利。

「滿足的範疇」本身並非新觀念，數千年來，各方神祕主義者和導師不斷描摹，並指引人們尋找。新的是讓平常人瞥見這範疇的能力。過去十年，網際網路讓我們更快速、更有效地分享嗜好和熱情，顯然有數百萬人對沉思「我是誰」和「生命眞正的意義爲何」感興趣。過去這隸屬宗教領域，如今愈來愈多的人認爲，有可能直接體驗更高層次的意義。在網路上看到有這麼多人追尋和自己相同的目標，讓我們對探索自我更具信心。

了解自己的欲望

二十多歲時，我會和兩個朋友每週共進午餐一次。她們倆都長我幾歲，其中一位當時和丈夫溝通有問題，已經固定看心理醫師一段時間。我很羨慕心理治療讓她更了解眞正的自己，我也想更認識自己。於是，我開始讀心理學書籍，其中以榮格（Carl Jung）的書最能引起我的共鳴。一如往常，我不想僅止於讀讀相關知識，還想在生活中實踐。我開始勤寫日記，試圖挖掘自己個性的根源，並探索夢想的世界。

結果不只夢在每天早上準時出現，供我記錄，還有一群技能高超的人近乎奇蹟地走入我生命，幫助我了解夢中世界的珍寶。

對夢愈來愈著迷的我，先是看到一本解夢的書；接著又認識一位朋友，恰巧爲那本書的作者工作過一段時間；然後，我聽到教人積極做夢的廣播節目；最後，還遇到一位主要專長正是解夢的業主。這些都不是我求來的，而是不期而遇的。我只需要留心觀察，並投入發生在身上的事。若我是懷疑論者，會把這些事視爲巧合，忽略唾手可得、能協助我更了解自己的寶藏。我們很容易漠視某些事，或相信自己沒時間完全投入此刻感興趣的事。

換你了

回顧你的人生，看上天是否曾經創造絕佳環境，讓你探索自己或追求興趣或嗜好。例如：是否遇過改變你人生的人？或者你在找工作時，遠方某人正好提供一個機會，去做某件跟你所想不太一樣，卻對你大大有益的工作？列出所有想得起來的時刻，並在接下來幾天記下任何想到的相關事件。當你喚醒回憶或留心過去發生的事，通常就回想起其他細節。什麼都不記得也沒關係，只要你讓事情自然發生並繼續留意就行了。

美的力量

回想生命如何引領我走上建築這一行，我發現主因是我了解人們眞的很在乎自己的家，而且會受家的激勵。他們知道家不只是居住和儲物的地方，許多人也致力於打造一個更能表達自我、更美且更實用的住家。大多數的人直覺，建造房子的過程將幫助他們更了解藏在日常生活表象下的潛能。不管新建或翻修住家，這類型的業主會將整個生活融入我們的集體創作，讓所有人都對過程滿意不已。

但直到最近我才了解，這些客戶之所以吸引我，是因爲他們「想要更多」。他們不只追求品質更高的生活空間，還想要更好的生活品質、更濃的幸福感受，而且他們知道，這需要設計良善的住家做爲穩固的平台。他們在乎並熱切追求自己的目標，無需旁人要求，便全然投入創作過程。當業主眞正企求美好，而且享受達成目標的過程，我發現自己也會投入更多的心力。

我們常把「家」想成一個以磚頭和水泥（以現今建築材料來說，就是鋼骨和牆板）建造而成的地方，其實家的意義絕不只如此。家是過日子的感覺與方式。一九九〇年代初，當我開始有此領悟，便逐漸了解其他同行和我設計美麗房屋時的意圖：創造一面透鏡，讓住戶能更深刻體驗眞實的自己和未來的願景。藉由形體的美，讓他們在日常作息之間也能享有頓悟時刻。

我在A・H・阿瑪斯（A. H. Almaas。編按：阿瑪斯融會西方心理學與東方智慧，發展出整合情緒治療、認知治療、直覺式揭露、呼吸技巧、靜坐冥想及精微能量探討的「鑽石途徑」）的一本著作中，找到貼切形容這種狀態的一段話：

> 人生的成就是能客觀看待人生，能看清一切……。人生是來表達、實現和頌揚

美，我們走這一遭的目的就是這個，不爲別的。

當房子成爲你要攀上更高層次的後盾，你的活動就會超越尋常界限，不再只是洗碗、教孩子做功課和餵狗。是的，事情沒什麼兩樣，只是參與方式不同，因爲做這些事的「舞台」激勵了你。也許從廚房水槽上方的窗戶能看到美景。也許在孩子頭一次學習乘法的桌子上，一道光映上了花瓶。也許放狗食的櫥櫃，是當地木工用你家後院倒下的橡樹做成的。某個物件或場景在別人眼中是否美麗或有何意義，無關緊要，重要的是它們在**你的**生活中能達成什麼。

七歲時，我發現愛上一件美麗物品的魔力。當時我到英格蘭北部一處古雅的小鎮和叔叔、嬸嬸同住，某日外出時，大人多給了我一些錢，於是我興奮地前往鎮上。有家店我經過多次，但從沒機會進去尋寶。店裡賣的不是兒童商品，因此每當我慢下腳步仔細瀏覽櫥窗，大人總是催促我快走。櫥窗裡擺了各色餐具和廚房用品，無論是手工製作或機器生產，件件做工優雅，令人目不轉睛，說是藝術品也不爲過。我就是去這家店。

站在櫥窗前，我覺得很興奮；如今當我看到很棒的藝術工藝展時，仍有這種感覺。

彷彿我能感受投注於每一件物品的創意和心血。我慢慢逐一瀏覽：一組飾有奇特幾何圖案、鮮豔色彩的咖啡杯；一個非常高而光滑的玻璃水壺，曲線在壺嘴處完美收尾；一條精細葉脈圖案層層相疊的擦碗巾。

然後，一件商品攫住了我的心。那是一只純白的瓷盤，造形很簡單，中央平坦部分的彩繪讓人聯想到野花花園。我說不出來爲何這盤子特別吸引我，但相較於我感受到的良久喜悅，那並不重要。我定睛凝視，不斷深呼吸，完全脫離周遭世界，沉醉在眼前的美之中。我遠遠跳脫尋常的生理經驗，也不擔心周遭的人認爲我行爲古怪。

當然，那一刻過後，我想起了此行的目的——我的錢就花在那只盤子上。我還記得叔叔、嬸嬸，以及父母得知此事時疑惑的表情。他們肯定很納悶：「怎麼會有孩子拿零用錢去買盤子？」但對我來說，這項紀念品蘊藏著深受感動的經驗，每次看著它都會起雞皮疙瘩。那是我最珍貴的東西，接下來數十年，我拿這盤子做各種用途，從展示到當托盤，乃至最重要的——當餐盤盛裝食物。這盤子提醒我暫停一下，享受「美麗時刻」，也就是一天當中刻意勻出的喘息空間。

那次經驗是我生命中重要的了悟時刻，當下我發現美的力量能超越時間，並創造出讓靈感生根的土壤。這盤子成為我保持覺察力的工具，我至今仍用來紓解時間加諸的壓力。每個人都有過類似的體驗。著手擬定本書的寫作計畫時，我對一位朋友講起盤子的故事，她說她也有類似的技巧：她常去科羅拉多州某個地點度假，那是她唯一能徹底逃離工作和責任的地方。壯麗的高山和充滿松樹氣味的清新空氣包圍著她，讓她覺得自己是宇宙的一分子，而非只是城市裡的工蜂。她在臥房化妝檯的鏡子上貼了一張當地的地圖，每天起床後和就寢前，她會看一眼這地圖，提醒自己什麼是生命中重要的事。

最近類似的例子則是在工藝品展買的一塊磁磚，已經嵌入我的辦公室。十幾年前，我買了這塊磁磚，認為客戶可能會想貼在廚房牆上。這是工匠娜瓦・莫塔威（Nawal Motawi）眾多美麗作品之一。我和她聊了一會兒，發現她的作品很有深度，而且蘊含一種特殊的專注力，她也是在跟我談過後才發現這一點。她對作品付出的心血，能傳達給欣賞的人，就像幼時的盤子將創作者的存在狀態傳達給我一樣。

結果業主並不喜歡那塊磁磚，我自己卻很愛，於是把它放在辦公桌上，供給了無數的靈感。我經常拿著磁磚，就著辦公桌旁大窗戶照進來的光晃動，欣賞上頭浮雕的光影變化。在忙碌的一天裡，磁磚彷彿讓我身處某種宗教心靈之舞中。每當有需要，便能享受片刻美所提供的活力。我能呼吸藝術家注入磁磚的創意氣息，並借用其靈感到自己的設計上。

若我們絞盡腦汁思考，並且急著在下一場會議前完成某件事，創意便會受限，甚至被扼殺。但是，當我們順應某個時刻的生命力，當下的創意就會感染一切。那不是我們擁有或精通的事，而是我們的**本質**。我們和創意融爲一體。別人的創意行動能啓發我們的創意，原因就在此。具有感染力的，是人們製作物品的狀態。

一年前，擴建的辦公室即將竣工，正在進行收邊的工作，天窗旁有一小塊區域不好處理。在牆壁與傾斜的天花板相接處，我想讓飾條優雅地轉折，突然想到這塊磁磚或許能成爲絕佳的過渡。將磁磚放在上段的槭木飾條和下段的櫻桃木飾條之間，就能讓飾條自然地轉變方向，磁磚也能常受陽光照耀。

辦公室是我寫作和與世界溝通的地方，磁磚正好位於辦公室內外的過渡區，不管進出都會看到。它會撫慰我，叫我喘口氣。每次瞥見，我總會停下來以另一種眼光凝視此刻的豐富和意義。

美有此能耐，扮演進入時間向度的入口；但這向度超越線性時間（linear time），而是即時（real time）——亦即當下。當你徹底體驗美，通往當下的門會穩穩打開，強力震撼所有感官。

靈感未必來自經驗。在這個例子中，賦予我靈感的不是磁磚的圖案或形狀，而是磁磚所示現的美和製作過程的專注；這也激勵我在自己的創作中傾注同樣的專注。唯有全心投入創作過程、不受俗務羈絆，並且從線性時間解放出來，才可能注入這種專注。

美可以帶領我們擺脫時間，體會超越尋常經驗的感受。美雖然無法具體形容，但我們看得到、感覺得到。只要周遭滿是令你愉快的物品，你會獲得想像不到的回饋。

我們必須成爲改變

我知道這些聽起來都很棒，但該怎麼**做**呢？日子要如何改變，好讓生命能永遠激勵你，讓時間當你的朋友而不是暴虐的工頭？這就是本書的主旨。只要稍微換個角度看世界，也許就能一嘗解放的滋味。

當我正想著如何傳達這種時間的新觀念，加州一位朋友來了電話。克莉絲蒂和我每隔幾個月通一次電話，永遠不知道彼此會聊到哪兒去，但絕非一般工作上朋友間的對談。克莉絲蒂和我有個默契，只談彼此當時遇到的問題；問題未必和對方的生活有關，但總能建議我們如何讓手頭上的事有所進展。那天，我立刻感覺到克莉絲蒂需要我幫忙釐清疑惑。

她和同事已連續幾週每天至少工作十四個小時，但所有進度依然落後，壓得她喘不過氣來。我問他們在做什麼，她列出一串案子，每一件的規模都很大，但其中一件顯然最花時間。她正在籌畫一種新形式的綠建築會議，會議焦點除了建築的穩固性、與自然資源消耗相關的地緣政治議題，還包括自我意識的價值，以及自我意識和全球福祉的關係。她希望會議面面俱到，也竭盡所能要讓會議開得成，卻發現千頭萬緒棘手無比。最後她說：「我問自己和團隊：『誰拖慢了案子的進度？誰做事沒效率？我們爲何找不到時間做所有該做的事？』」聽著她的陳述，我察覺，即使她清楚工作方式顯然有缺失，但她太忙著跟時間拔河，以致看不到問題出在哪兒。她問我能否給她一些建議。過去幾個月我都在研究和書寫自己與時間的搏鬥，於是我分享了當時的領悟。

每當著手進行一件案子，我們會把案子視爲自我以外的某件世事。但是，當行事曆從管理生活的輔助工具變成壓迫我們的麻煩，表示我們再也看不見手上的事背後的啓發和夢想。雖然案子成功落幕似乎是重點，其實接案子的唯一理由是要完全投入這個經驗，如此才能更加了解眞正的自己。

若手忙腳亂試圖完成案子，卻終究徒勞無功，結果將顯現那股忙亂的能量。但若緊緊把握每一刻，能回歸最初的夢想並清楚記在心裡和腦海中，完成的案子將呈現眞實許多的自我表達。這是眞正有效行動的不二法門。

換句話說，重點不在案子本身，而在盡可能探索自己，藉由完成任務的過程了解現在和未來的自己。當我們投入案子，也就是我們的創作，在體驗催生目標的每一秒中，都會獲得無與倫比的養分。這是做所有事情的唯一理由。只是大多數的人不明白箇中**眞正的**道理，陷在表象之中。

不管什麼事情——做蛋糕、修車，或籌畫下一屆的奧運，重點都一樣。以克莉絲蒂爲例，她正在籌備一場會議，但那只是個自我發現的工具。一旦看透這點，生活中的一切將會改變，時間不會老是修理你。若你到時無法完成某件事，那件事就不該發生。你怎麼知道?很簡單，因爲這件事並未達成。許多人因自己答應的事無法如期達成而覺得挫折，但那挫折是**他們的**人生經驗，含有**他們**成長所需的養分。困境只是你腦中的幻覺，不是眞的。

在這節骨眼上，你或許會想：「說起來容易，但**我的**上司不容許我延遲工作進度。」或是：「那不適用於我的工作，工作中所有環節都仰賴我的準時。」又或者：「我實在沒那麼多閒工夫來自我發現。」但當我們一同抵達這趟旅程的終點，你的觀點會稍有改變。你將會發現，唯一的問題是我們賦予「事情未達成」什麼意義。狀況是狀況，人要處理的是後果……也許未必用我們選擇的方式，但就是對我們更有利。

驚慌之際，我們幾乎都不會記得，導致事情失控的唯一原因，是「我們認爲事情**應該**如何發展」。對克莉絲蒂來說，事情會如此緊急，只因她執著於一種結果：認爲事情一定要如何。當她想起重點**不在於**會議實際狀況得完全吻合她的想像，所有問題立刻迎刃而解。我們快講完電話時，她因對手上的事有了新的體認而感到飄飄然。

整個過程中，時間有什麼變化？時間從一個大小有限的水桶，克莉絲蒂想不斷塞活動進去，轉變成她覺察自己人生的直接經驗。這種轉變立即且全面，是因我們倆彼此傾聽並分享對事情的理解，才得以促成。

我很喜愛甘地的宣言：「在這世上，我們必須成爲自己希望看到的改變。」這句話優美道出克莉絲蒂所領悟的重點，其來龍去脈值得探究，因爲能讓我們更懂得自己。

據說一位女人來到甘地面前，乞求他幫助她的孩子，她的孩子體重過重且不停地吃糕餅和糖果。她希望甘地叫她兒子別再吃任何含糖的食物。甘地答應試試看，但也請她離開，一週後再回來。女人感到疑惑，但照辦了。到了約定的日子，母子倆回來，甘地嚴厲且堅定地告訴男孩別再吃含糖量高的食物和甜點。女人問：「你爲何叫我們離開，一週後再回來？爲什麼不能一週前就這麼要求我兒子？」「親愛的女士，」甘地答道：「因爲我不知道自己能否做到你要我要求你兒子做的事。若我自己做不到，我怎能要求**他**這麼做?在這世上，我們必須**成爲**自己希望看到的改變。」

這時，甘地就能將自己輕鬆戒除甜食的方法傳給那位兒子。唯有當說話的人本身擁有紀律和知識，才能將兩者有效傳達給他人。

十年前我愛上這則故事時，就知道自己想多寫些世界如何改變的事，但也知道我還無法實踐腦中的知識。我知道一種更好、更豐富的生活方式，卻花了十年才在自己的生活中實現。如今我已經準備好，盡了最大努力過那樣的生活，因此能傳承給別人。我很清楚，改變世界的**唯一**方式，就是改變自己。任何公民運動、抗議或揭露弊端，都無法造成眞正的改變。我們對這則故事的意義感到困惑，是因爲相信有個「外在的」世界需要修正，但其實我們能改變的只有自己。當一個人實現自身的想法，其他人看到這改變的眞相後也隨之跟進，改變才會發生。要不要實現這種生活，全由你決定。

練習

找出生命中的重要時刻

這項練習的目的，在找出眞正能讓你感到心滿意足的事物。若你將生命中最重要的時刻——令你感動落淚、充滿敬畏，或覺得心臟就要爆炸的時刻——列一張表，你可能會發現絕大多數都在意料之外。以我而言，這樣的時刻多半發生在不趕時間、全神貫注做某件事時。例如：有一次我坐看河水急流而下，突然體驗到河水就像流動的能量，不受時空限制。還有一次，我深夜划船到南達科塔州一處湖泊的湖心，瞧見夜空有如綴滿星辰的黑絲絨碗，那是我未曾見過的景象，令我驚嘆不已，也慶幸活著眞好。

若我正趕赴下一場約會，或正在看電視新聞，這些事絕不會發生。唯有慢下腳步，難以言喻的事才會在我們始料未及的時刻進駐，並賦予生命意義。我生命中的重要時刻通常是視覺的，但你的重要感官經驗可能是聽覺的、嗅覺的、味覺的，或者觸覺的。你可能在動作中得見意義，也可能在寂靜中發現。

請拿出筆記本，在不受干擾的地方安靜坐上十到十五分鐘。靜下心來，拋開眼前的煩惱。除了身體的緊急狀況，沒有什麼急到不能等個幾分鐘。

現在，在腦海中回想曾深深影響你的事件或時刻。平靜地呼吸，不要有太多期待。你可能一時想不起什麼事，但只要對自己的內在智慧保持開放和接受的態度，過往經驗會自動浮現。不要忽略任何想到的事物，即使看似不重要或太個人化，都記下來——不必取悅誰，你只是用內在智慧的透鏡聚焦在讓你深感滿足的經驗上。今天之前，你可能從未察覺這些經驗的存在，是該予以整合的時候了。你應當珍惜它們的價值，才能了解是什麼條件促成這些經驗。

若你今天什麼也想不到，請放下筆記本，繼續閱讀。但未來幾天要注意所有閃現的回憶，看看其中蘊含什麼意義。有時我們會層層裹住回憶，即使驚天動地、威力強大的經驗，仍看不清其重要性。容許自己捨棄過去的詮釋方式，重新審視並記住回憶。回憶的能量可能正面、可能負面，倘若你發現這能量之大無法抑遏，接下來幾章將教你如何以嶄新的方式面對往事。

記憶中的重要時刻所蘊藏的活力，將開啓通往內在自我的門。現在你還不清楚道理何在，但接下來的章節將揭露這樣的時刻爲何重要，以及它們能爲你開啓美好生活的特質。

原則

大，不一定好

西方的文化有種看法：假如某個東西出現一些很好，數量更多時一定更好。這種情形在住宅設計中屢見不鮮，因爲房子愈建愈大。究竟要多大才夠？顯然還沒有答案，但這些超大住宅的確會讓人納悶，要那麼大的空間做什麼？任誰都渴望得到滿足、覺得完整，而我們被灌輸，房子大一點就能帶來那種感受。於是我們乖乖地追求大房子，安撫心中搔不到的癢處。

然而，「大」不是解決之道。我們需要的是空間的質，而不是量。與其選擇和其他房子大同小異，風格、設計和隔間俱無新意的住處，何不試著讓房子表達你的個性？我所提倡的正是——讓房子展現你的特質，讓**你**擁有家的感覺。房子的大小並不重要。你家之所以比別的房子棒，是因爲它讓你覺得自在。只要你喜歡，你的朋友可能也會喜歡。

建更大的房子以尋求「家的感覺」，與靠購物和保持忙碌來追尋滿足感，兩種行徑其實如出一轍。這會使我們看不見眞正重要、眞正讓人生有意義的事物。更偉大、更忙碌、更光鮮的生活未必是更好的生活，可是我們被教導以此爲目標，很少停下來想想是否眞是如此。我們告訴自己，沒時間去想那些啦！

倘若更偉大、更忙碌並不等於更好，追求空間加大、速度加快，究竟有何意義？在這一章，我們要探討匆忙生活和購物欲背後的原因。

3

確認哪裡有問題

並非所有重要的事情都能計算，也不是能計算的事情都重要。

——愛因斯坦（Albert Einstein）

對物質的迷戀

執行「生活不用大」藍圖的第一步，是找出什麼事情讓我們不能過自己**想要的**生活。這不容易，因爲我們必須客觀檢視日常生活中許多習以爲常的面向。

考慮翻修房子時，你同樣得這麼做。你以爲有些牆是結構所需拆不得，但建築師看過後，開啓你未曾想過的可能性，結果那些牆可能是可以拆的。也許它們並未具備你所以爲的功能，拆掉後，你的家將會氣象一新。用不著擴建或蓋一間全新的房子，你就會感覺空間變大許多，而且更爲溫暖、舒適。

找出我們以爲很重要、其實阻礙了視野的事物，可以讓我們獲得喘息的空間。

我們會被壓得喘不過氣來，有兩大原因：一、我們以爲有需要的東西堆積如山；二、生活步調太過匆忙。我們渾然不覺有這兩項導致不滿的因素，因爲它們已經根深柢固，深深影響你我的生活方式。

我們很難想像沒有時鐘、日出而作日落而息的年代。愛迪生（Thomas Edison）發明燈泡之前，美國人平均每晚大約睡十小時。如今人們的睡眠時間減少爲七小時左右，然而這對很多父母或忙碌的專業人士來說，仍是奢求。過去，人們鎮日辛勤工作，但工作能確保他們三餐溫飽、有家可歸。直到十九世紀末，奢侈品和休閒才進入工人階級的生活。還記得汽車大王福特（Henry Ford）高瞻遠矚的願景，要把他T型車工廠的工人轉變成自己的顧客嗎？即使是他，也無法想像今日世人所能累積的鉅額財富。

我很喜愛的一本書——《物質世界：全球家庭圖像》（*Material World: A Global Fam-*

ily Portrait)，以美麗的照片闡述藉由消費通往成功的生活有何限制。攝影師彼得・曼佐(Peter Menzel) 邀請十六位同行前往三十個國家，在每個國家各接觸一個普通的家庭，請那一家人在家門前展示所有的物資財產。看著書中的照片，讀者一目了然——只拿著幾件廚具和清潔工具的馬利人，認爲這些物品意義重大；而展示四輛車和四十五呎沙發的科威特家庭，或者以物品填滿一灘死水的生活的美國家庭，簡直是被物質淹沒了。

我們很難看清自己的生活，但看著書上的照片，你會開始理解物質和時間對生活的衝擊，以及它們如何聯手呑噬掉我們大部分醒著的時間。想像把你一天的生活拍成紀錄片。一天當中，有多少時間在趕場？這就是對你最貼切的描繪，和你企求的模樣？若不是，這代表什麼？爲何我們沒爲工作拚命時，都拚命在購物？

想擁有一件東西的理由有千百種，但對大多數人來說，常常只是「想要」而非「需要」。我們下意識地相信：心中渴求的物品，能填滿內在的空虛感，讓我們覺得更充實，對自己和他人都更重要。

換你了

> 想一件盤據你心頭的物品，不論已經擁有或「想要」的都可以。現在，用心觀照這件物品，想一想：為何它如此吸引你？你是否認為，擁有它能使你更快樂或更滿足？或者可以提升你的形象？你是否相信，擁有這種東西比較受人尊敬？擁有它才能用自己想要的方式生活？你認為這個東西很美好？能讓你做到你目前做不到的事？

可惜，再多物質都無法塡補因缺乏自我而造成的空洞。物質替代不了對眞實自我的體驗。回想在上一章寫下的重要時刻，你願意以現在渴求的物品交換任何一個時刻嗎？當然不願意。難怪有這麼多心靈成長的書籍和文章，總是點出富人的貧窮，稱頌窮人的富有。並非只有窮人才能擁有豐富的內在，但想買什麼就買什麼的能力或欲望，通常是我們了解孰輕孰重的巨大障礙。

擁有物品之後，還必須保有它。我們要賺到足夠的錢來買下它、存放它、維護它，甚至爲它投保。每購買一項物品，都附帶著一連串的維護工作。只要成爲物品的主人，你就得長期對它付出心血，連帶使你變得更忙。這額外的忙碌，會讓你難以專注於手上的事。分開來看，每件東西花費的時間似乎不多，但加起來就很可觀了。比如，一套新西裝或一件新毛衣占不了多少衣櫃的空間，但三十件新行頭可能就會迫使你改造衣櫃——這檔事除了花錢、耗時、費力之外，還有礙於做眞正有意義的事。

當年我買下生平第一棟房子，從原先住的小套房搬進新家時，空盪盪的感覺令我難忘。搬來的東西沒變多，但如今散落在三十三坪而非十一坪的空間。老實說，新家感覺很貧乏，我決定去買點東西，增添家的感覺。有一段時間我很愛購物，只要手頭寬裕，就去買當時最想要的東西。先是買一組放音響的層架，然後買沙發，接著是茶几。這些家具固然很實用，但我慢慢發現，自己不比先前東西少時快樂；我只是擁有了更多東西。購物令我以爲達成了某種目標，然而帶著新的戰利品回到家時，我納悶自己到底創造了什麼呢？改善居家環境是提升了生活品質，還是給了我更沉重的包袱？但我很快便擱下這疑問，因此沒有傾聽內心的答案；當時我太沉醉於自己即將功成名就的想法。

設計新屋或改造現有住宅時，看到自己能爲業主創造美好的生活環境，我也渴望能爲自己而做。如今我知道，那時的我只是試著不要辜負客戶的期望。客戶似乎都預期我收入豐厚，負擔得起爲自己蓋一棟美麗的房子。我可以說是在不知不覺之間，讓事態如此發展。

大多數的購物行爲也一樣。有一種察覺不到的隱微壓力，使我們在看到同儕、同事或家人買了什麼之後，會想跟上、甚至超越他們。我們無意識地要求自己累積財富，以爲能贏得別人的尊敬與重視。但這是一場幻夢。大量購物、和鄰居較勁都沒有意義，只會壓得人沮喪不已。

其實，我們尋找的是一種眞實的感覺，及體驗眞正的重要與意義。這些，只能從一個地方獲得——內心深處。在內心深處，人人都會聽見體驗到合而爲一的回響，並希望再次聽聞。於是，我們確知自己曾經擁有過什麼，可惜這東西已面目模糊；但只要有方法，就找得回來。

於是我們明白，爲何墜入愛河的威力如此強大，爲何童話故事會吸引我們——童話裡蘊含著我們對「找回失去的愛」的渴望。墜入愛河的人，撤除了人我的界線，並將原本有限的自我感受擴大，以容納美好的另一半，同時世界的一切也跟著燦爛起來。這是大多數人最接近「合而爲一」的經驗，是偌大的解放，但也難以控制，因此對講究邏輯的理智來說，並非實際的生活方式。「理智」認爲「心」很危險，正因爲心會聆聽自己的樂音，踩出完全不受約束的舞步。

理智一直在製造假冒的愛戀對象，至少能暫時滿足我們對合而爲一的渴望。當我們渴求、爭取，進而贏取某件物品，不會帶來眞愛的麻煩副作用。對物質的迷戀會成爲替代品，是因爲理智藉此遮蔽了心的眞正渴求。但我們想望的物質，無法像眞愛一樣，讓我們直接感受強大的生命力，無法餵養我們的心靈。唯有當嚴格劃分「你是你，我是我」、「自己是自己，別人是別人」的界限被泯除後，我們的心才能體驗到眞正的愛。

不入虎穴，焉得虎子

另一種追求意義的方式，是去冒險。許多人認爲冒險是「充分活在當下」的捷徑，但冒險的效果和好處都很短暫，而且有很多更安全的方法也辦得到。

我看了一集美國公共電視（PBS）的科學探索節目《NOVA》，節目中專家監測登山者身處高海拔時，身體對嚴寒、疲勞和缺氧狀況有何反應。研究人員發現，多數登山者不會在這些嚴峻狀況下死去，他們會爲了享受攻頂的喜悅而將身體逼到死亡臨界點。冒險程度較小的雲霄飛車廣受歡迎，也是出於相同的原因。雲霄飛車的危險度是在人的掌握之中，我們知道自己很安全；這不像眞正危險的活動可能改變你的餘生，卻讓人嘗到千鈞一髮的滋味。

從事賽車、登山或其他危險活動的人會告訴你，這些運動迷人之處，就在於玩命的風險。他們是爲了超越自我極限和觸及宇宙的一瞬間而活；這種瞬間，是一種高度清醒而深具意義的狀態，令人敬畏，值得一再冒生命危險去體驗。

然而，你很容易誆騙自己是個登山好手——買齊登山必要的裝備，爬個幾座山，卻不曾眞正花力氣去體驗活著的感覺。這就像買了一輛時髦的跑車，卻只在尖峰時間上高速公路，塞在車陣裡。跑車具有夢幻的速度，花大錢買它就是爲了體驗夢幻般的興奮和活力，而非每天上下班代步之用。我們藉由購買獲得「活力十足」的形象，而不是透過眞正的疾速馳騁；我們不了解，自己要的是「眞正的」活力，光有活力十足的「形象」無濟於事。

我讀過湯瑪斯・摩爾（Thomas Moore）的《隨心所欲》（*The Care of the Soul*），書中有一段趣事令我印象深刻。作者描述一個男人的沮喪心緒。他自認是個作家，但從沒寫過隻字片語。他買下了想像中作家生活所需的所有行頭：一張好書桌、一支漂亮鋼筆、一本吸墨紙，但並未提筆寫作，甚至不曾有過「有話想說」的念頭。他活在夢裡，而不是現實中。讓一個人提筆的，不是配備，而是要表達想法的強烈欲望。當你對寫作充滿熱忱，在哪兒、用什麼都能寫。

這故事捕捉到現今社會常見的行爲模式。購物是爲了塑造出自己想要的形象，而不是以物品輔助我們實現眞正的自我。無怪乎會出現那麼多一味求大卻毫無特色的豪宅，或是我戲稱的「新手城堡」（starter castle）——屋裡擁有頂級的廚房，最高檔的廚具、櫥櫃和流理台一應俱全，但屋主天天外食。尚未精通廚藝的人，常覺得幸福的家庭生活裡應包含美食。但一套炫目的廚具無法使人成爲好廚子。學做菜需要時間、用心和練習，是投入讓你覺得有活力，而不是裝備。

放慢腳步的故事

很多人漸漸對自己所做的事感到困惑。我們以爲，完成的事情愈多，生活愈充實，生命也更有意義。但只要停下來反思片刻，便會發現最令我們覺得活躍、完整的事物，其實跟工作、購物、成就沒什麼關聯。

幾年前我為一對夫妻設計新居。這對夫妻有一位好友因心臟病猝逝，得年五十八歲，原本還在努力工作存退休金，沒想到活不到退休的那一天。他倆比友人年長，也為了同樣的目標：舒適的退休生活，日日長時間工作。友人的猝死，讓這對夫妻萌生退休之意，因為他們已經看清楚，繼續把時間投注在可能不會發生的未來，實在荒謬。想要好好過生活，時機就是現在——一直都是現在。

他們要的退休，其實不是停止工作，而是停止做已無意義和樂趣的事。丈夫是投資銀行家，妻子是律師，三十五年下來，他們在各自的領域都擁有高度成就，受人敬重，但讚美對他們已無意義。他們想追求更富創造性、更有活力的事物，因此決定常態性地從事自己的愛好：買賣古董。

幾年後，他們發現早就可以把生活重心轉到古董上。他們不費吹灰之力就能賺到錢，但從沒想過可以把興趣和工作結合。在他們的觀念中，買賣古董不算職業，而是嗜好；既然是嗜好，就該等他們盡完「真正的」工作職責後，才可以發展。

有些人可能覺得他們很荒謬，怎會沒想到可以轉行。可是，人人都有盲點，盲點深入我們的生活，難以察覺。

直到九一一事件震撼了世界，迫使大家停下來反省。眾多人命瞬間喪失，使人們領悟到生命本質的脆弱。人們也才意識到，原來社會有個集體信念，認爲一個人必須努力工作，大部分清醒時刻都去上班才算是好人。太多人在九一一之後打電話或寫信給我，說他們正在重新思考生活中的輕重緩急，此後將花更多時間陪伴摯愛的人，待在家裡，並且做自己眞正在乎的事。大多數的人只維持了幾個月，但大家**確實**認清了現代人「爲了工作而活著」、「爲了活著而工作」的觀念不盡正確，而且無法滿足我們對於意義和人際連結的渴望。

競逐成功

最近幾十年，人類的生產力大幅提升，衡量成功的標準是收入和購買力。但就滿足感而論，金錢和物質給了我們什麼回饋？更大的房子，更貴的車子，也許獲得同儕的肯定，但我們因此**感受**到什麼？雖然成功沒有錯，但若追求成功占去我們大部分的時間，那你覺得失衡並不令人意外。這就是千百萬現代人的生活寫照。

工作時數愈來愈長，管理高層認爲加班到最晚的員工最盡忠職守，生產力也最高。

但眞是如此嗎？我最近在ＣＮＮ看到一則新聞，記者無法置信地報導，每週工時三十五小時和年休七週是法國所有勞工的基本權利。報導表面上是談生產力提升和勞工滿意度，記者的弦外之音卻是美國勞工比較優秀，不需要如此優渥的條件，就能在工作上有極致的表現。工作過度的人似乎建構出一種男子氣概，這則新聞好比在一群健美先生面前誇耀自己鬆垮的肌肉。美國人普遍認爲，每週工時少於五、六十個小時的人很沒用。

再搭配各種小玩意和節省時間的工具，人得以在更短的時間內做更多的事，從而在自由和繁榮的美利堅帝國中央築起一座特殊的地獄。接下來就讓我們看得更仔細一點。

若你在一九八〇年代中期之前就已投入職場，便有幸目睹工作設備的巨大轉變。傳眞機問世後，草圖或備忘錄可以快速傳送到各地，不用再等兩、三天才能寄達。這似乎是歷史上驚人的一刻，卻很快就被個人電腦的普及給比下去了。

一九七〇年代末，我在建築師事務所上班時，每當建案的工程規格有所變動，支援的組員都得做上好幾小時不斷重複、不需動腦的工作。工程計畫書經常長達百頁以上。想像一下，每增加一、兩行文字，整份設計書——至少是變更的章節或段落，都必須重新打字。

到現在我仍忍不住自問：「我沒記錯嗎？眞的得爲了一點小變更，爲了保持頁碼的正確，重打**整份設計書**？」沒錯，情況到大約二十年前才有所改變。現在看來，那眞是折磨人的苦工。之後由於資訊操作和分享方式有了長足的進展，我們的生活似乎簡單許多。

但，事實眞是如此嗎？我生平發的第一份傳眞，是傳到夏威夷的建築工地。沒有傳眞機，我絕不可能接那件案子。建商每天都有一、兩個問題，與其用言語解釋，還不如將草圖傳眞給他並一塊兒討論，這種溝通方式方便多了。

傳眞機問世前，我只能接本地的案子。但換個角度看，雖然我能藉由傳眞機這項新工具更快速、更有效率地溝通，但少了它，那件案子就不會成爲我生活的一部分。效能其實是複雜化的藉口，我因此多了一件工作要做。別誤會，我很高興當初能參與夏威夷的案子，我要說的是：「新工具（傳眞機）能幫我節省時間」的想法只是幻覺。

快轉到今日，將新工具的數量至少乘以十倍，你就能了解爲何大家像無頭蒼蠅般瞎忙。這樣的比喻非常貼切。簡訊、電子郵件和電話，生活中有那麼多訊息等待我們回應，根本沒有足夠的時間周詳思考。我們在和時間賽跑，但這場競賽是我們自己製造的，而且鮮少參與互動。

這種「亢進狀態」不只表現於工作上。數年前，我爲一對年輕夫妻翻修住家，增建三個孩子（介於三到七歲之間）的學習空間。跟他們熟了之後，我開始注意到女主人擠不出超過半小時的時間來開會。我請她寫下平常一週的行程表。這沒問題；她當場列印出來。表面上這位母親是家庭主婦，但這家人有許多課外活動，她鮮少待在家裡。連三歲的老么都要上小提琴課，兩個小姊姊的行程幾乎跟媽媽一樣滿。我納悶著：小小年紀，生活就如此忙碌，長期下來會對孩子造成什麼影響？

這對父母早早就打定主意，不要讓孩子「輸在起跑點上」，因爲這是自己小時候得不到的。他們相信，只要給予適當的刺激，任何孩子都能發揮與生俱來的創意天分。爲了這目標，值得付出代價——所以母親完全沒空閒時間。但從來沒人質疑「唯有個人成就和才智受到肯定，人生才有價值」的觀念。天分究竟是什麼？早期訓練真能使人發揮天分？首先，這對夫妻爲何如此重視有沒有天分？他們每天忙著實現理念，忙得從沒時間思考這些問題，也因此未曾懷疑自己的做法。

這家人的生活步調，其實隱藏了他們真正的動機。表面上的效能其實是一種逃避機制，確保他們永遠沒時間體驗不足和不適任，或讓**父母**無法體驗自己沒有能力實現**他們的**潛能。這件事完全與孩子無關，而是父母本身的問題。他們若能慢下腳步，或許能察覺自己的動機。沒有喘息的空間，這種領悟就永遠不會發生。驅策他們的並非天分，而是會產生壓力的競爭。外人看來寧靜而悠閒的生活方式，其實可能和所有勞工的生活一樣匆忙。

我有個朋友曾陷入財務困境，部分原因出自她自己的選擇——若算得上選擇的話。她大多數的時間在收容所當志工，以致無暇顧及自己的需求。這麼做是本末倒置，但不乏這樣的例子。從小所受的教育告訴她：只有慷慨付出，才是道德的生活方式。慷慨付出並沒有錯，但若因付出過多而嚴重傷害自己，就無法真正地付出。你必須取得平衡，否則送出去的會是自己的不平衡——那絕對不是禮物。

在幾位朋友、老師和治療師的幫助下，她開始了解缺失所在，並學會在擔任志工前，優先考慮自己的財務狀況。這讓她在照顧他人之餘，也能回過頭來照顧自己。她原本潛藏的信念是：不只該慷慨付出，還應該完全忽視自己；任何考慮自己福祉的想法都是自私的、不「好」的。爲了避免「因忽視自己而感到痛苦」（在她的觀念中，這也是自私），她只好把自己逼得更緊，花更多時間當志工，直至筋疲力盡。那位「主婦」媽媽的生活也一樣：沒拿薪水，不表示你就逃得了過勞、過壓的生活。

腎上腺素：我們選擇的藥物

數週前，我去找脊椎按摩師亞倫·瑟雷斯特醫師（Dr. Alan Celeste）——靠在製圖桌上工作太久，肩膀肌肉總會僵硬。我順道告訴他這本書的寫作計畫，也問他有沒有什麼領悟能分享。他說，他每天見到的問題幾乎都跟壓力有關，而壓力會導致腎上腺素飆升。他甚至表示，壓力是腎上腺素的刺激源。老祖先的年代，腎上腺素對自我防衛很重要，能大幅增加生理和心理敏銳度，以判斷應該「迎戰或逃跑」。而今，我們用不著面臨生死交關便會釋出腎上腺素，對腎上腺素帶來的快感已逐漸上癮。

瑟雷斯特指出，從我家開車到他診所的二十分鐘內，我分泌的腎上腺素可能比大多數祖先一年的量還多。雖然我們對開車的風險、挑戰和壓力習以爲常，每當我們穿越十字路口或超車時，迎戰或逃跑的判斷機制仍會啓動。這只是遊戲的本質，是活在這年代的另一項風險。

甚至連想放鬆時，我們也常選擇腎上腺素刺激物。例如：現今大多數黃金時段的電視節目，都聚焦於犯罪和天災人禍。若無法在半小時內啓動腎上腺素分泌按鈕數十次以上，所謂的新聞就沒有價值。令人感到滿足、安全或自在的事物，再也無法抓住我們的注意力。連翻修房子這麼平淡無奇的計畫，都得加入刺激的元素。例如在電視節目《極限改造：住家篇》（*Extreme Makeover: Home Edition*）中，改造計畫必須在極短的時間內進行，觀眾看著設計師和建築工人在高度壓力和睡眠不足的情況下工作，好趕在屋主度假回來前及時完工。工程進行到最後，設計師和工人都累垮了，而節目最大的「娛樂效果」就是看他們彼此對罵。今日，我們得時時提心吊膽，才能感覺自己活著。

我們怎會對如此戕害身心靈的事物上癮？其實另有選擇的。取得平衡的確不簡單，需要理解更甚於需要花力氣。我們得觀察，是什麼驅使我們這麼做；唯有慢下腳步觀照頭腦和內心，內在智慧才會啓動，協助我們看清自己造成的所謂「現實」背後究竟是怎麼回事。效能和效率大不相同，如今大多數的人都失去了辨別能力。我們用一些工具提升生產力和效能，但甚至無暇評估它們是否符合我們對意義和滿足感的渴望。是該慢下來考慮改變生活方式的時候了。

眞正的癮頭：累積成果

每天早上和丈夫坐在門廊喝咖啡時，我常看著大橡樹上的松鼠玩「橡實管理」遊戲。牠們在秋天貯藏堅果，春天再挖出來。永遠有堅果要找、要埋、要挖，三不五時也吃上一顆；牠們從不曾停下來，甚至不曾慢下動作，就連吃堅果——敲碎、旋轉、齧食、咀嚼和丟棄，都飛快地進行。

檢視自己的一天，你也許發覺自己和松鼠差不多。你選的堅果可能是咖啡帶來的腎上腺素，也許是到健身房運動時分泌的腦內啡，也許是買下想要的東西時湧現的驕傲，或者簡訊傳來好消息時的愉悅；談成一筆交易；接到新的案子；小孩獲選爲模範生。這些事就像松鼠的橡實，能帶來快感，因此令我們深深著迷。人也會堆積堅果，但大多數人從未想過，我們以此取代眞正地投入生活。

問題在於，你認爲「我擁有的已經足夠」這句話是什麼意思？我們太少聽到「足夠」這個詞彙了。也許你開的不是BMW，也許你看的不是平面電視或高解析度電視，也許你的家比你想要的小一些，廚具也許不是歐洲貨，也許只愛名牌的朋友看不上眼你的衣服。其實，只要能滿足自己和家人的基本需求，你擁有的已經足夠。

與「足夠」相反的，是「太多」。現代人已經擁有太多，不需要更多東西了。我們不需要更多腎上腺素，不需要更強的肌力，不需要更多商品塡滿房子，不需要更多簡訊來讓自己覺得活著——生命不用倚靠這些。我們不時隱約覺得，自己正錯失很重要的東西。有時停下腳步片刻，會感到巨大的空虛；擔心若停下太久，空虛感會將我們吞噬。

事實上，對停歇的恐懼讓我們遠離眞正的意義。內心深處，我們知道更高層次的意義確實存在，只是不知上哪兒找。而我們最不可能去找的地方，就是我們最害怕的地方——空虛感的底下。若不慢下來，暫停累積堅果，就永遠看不到隱藏在下方的東西。

這就是我們需要改造生活的原因——因爲就像改造住家，我們說得出口且能輕鬆處理的並非眞正的問題，隱而不見的才是。那麼，讓生活「小」一些表示什麼？表示你從無意識而慌忙的例行公事中解脫，不再反射性地接受驅策。耗費時間的上癮行爲，都只能給你替代性的經驗。唯有活在當下，才能保持客觀，避免身陷其中。要做到這點，必須慢下腳步，不再緊抓著已上癮的習慣不放。重點不是你在這過程中能找回多少時間，而是不管做什麼都將更爲淸醒。如此，才能找到你所追尋的生命力和意義。

練習

了解你看待時間的態度

現在，你該認眞觀察自己，以及自己和時間的關係。切記：想有任何改變，都必須從此刻開始。不需要準備別的，最重要的步驟就是放手去做。

首先，試著了解自己如何安排每天的生活。你需要一些資料的輔助，最佳方法是回答後面的「時間態度問卷」。作答時若想到其他問題，可以自行填入問卷，並按照自己的情況調整。

藉由這項練習，你將蒐集到評估生活平衡度的素材。發現「自認的生活方式」和「希望的生活方式」有落差時，用不著太驚訝。不常以這種方式檢視生活的人，腦海中的景象和現實世界可能天差地別。但別擔心——只要展開練習，你就朝重組生活跨出了第一步，但這不是一蹴可幾，也不需由你獨力完成。當你開始看到生活中的不平衡，並想讓生命更完整、更平衡和更有意義，一切就會自動轉變。當你察覺到改變的可能性，上天會支持你的想法。接下來的幾個月，請留意事物的轉變，觀察的結果能爲你開啓探索意識活動的路徑。

你可能得找一、兩個小時，不受干擾地專心做練習。若發現卡在某個問題上，先跳過，稍後再回來作答。能幫助你了解自己，這項練習才有價值。若練習令你不安，就無法奏效。

時間態度問卷

你和時間的一般關係

- 一天當中你浪費多少時間？列出你做了卻覺得多餘或不必要的事。
- 你認爲自己的步調是快、慢，還是中等？

- 你如何設定日常活動的優先順序？
- 你是喜歡列清單的人嗎？如果是，你如何看待自己的清單？清單是幫助你安排一天時間的工具，還是負擔？
- 你會把最喜歡做的事排第一、最後，還是中間？
- 從事日常活動時，通常你的做法有效率、沒效率，還是介於兩者之間？爲什麼？有效益、沒效益，還是介於兩者之間？爲什麼？
- 發現自己有空閒時間，你會不知所措嗎？
- 當你**眞的**有空閒時間，會做些什麼？（若你不曾有空，想像你會做什麼。）

睡眠

- 你通常一天睡幾個小時？
- 你週末的睡眠時間和平日迥然不同嗎？

- 你對睡眠的態度和看法爲何？
- 你知道自己的身體需要睡幾個小時，早上醒來才會覺得休息夠了而活力充沛？
- 上一題的時數和你平常的睡眠時數有差別嗎？
- 你有過睡眠障礙的時期嗎？
- 你從睡眠障礙時期中學到什麼？
- 你通常會記得做了什麼夢嗎？
- 你希望自己能多睡一點嗎？
- 你覺得自己睡得太少還是太多？
- 你最活力充沛的時間是早晨、夜晚，還是介於兩者之間？
- 上一題的傾向如何影響你的睡眠模式？
- 你是否曾刻意改變就寢和起床時間？如果是，你從中學到什麼？
- 你很期待上床睡覺嗎？如果是，你知道原因嗎？

- 你很期待早上起床嗎？如果是，你知道原因嗎？

腎上腺素刺激物

- 你最愛的「堅果」製造器是什麼？
- 你每天攝取大量咖啡因嗎？如果是，以哪些形式攝取？
- 你每天攝取大量糖分嗎？如果是，以哪些形式攝取？
- 你倚靠其他藥物或刺激物，好讓自己在白天保持清醒嗎？如果是，用了哪些藥物或刺激物？
- 在興奮過度的一天後，你倚靠其他藥物或麻醉劑讓自己冷靜下來嗎？如果是，用了哪些藥物或麻醉劑？
- 你攝取上述任一種物品的分量，多到可能已經上癮嗎？如果是，較適當的分量是多少？

- 這些製造或壓抑腎上腺素的物質對你有何影響？
- 你是否曾試圖改變和這些物質有關的行爲模式？
- 如果是，你注意到生活品質有何改變？

運動

- 你定期運動嗎？
- 如果會，是哪種運動？頻率爲何？每次運動時間多久？
- 你的運動計畫和實際執行有多大落差？
- 你爲何運動？是不是規定自己運動，藉此抒發身心壓力，或讓自己更淸醒？
- 你對所從事的運動樂在其中，或者只因爲對你有益才做？
- 運動讓你有機會走到室外嗎？
- 運動讓你有機會參與團體活動嗎？

- 運動是否提供你社交互動的機會？或者運動是你的獨處時間？
- 你對運動有何看法？
- 運動會對你造成困擾嗎？如果會，爲什麼？
- 你運動過度嗎？如果是，爲什麼？多少的運動量較適當？

放鬆

- 你放鬆的方式爲何？
- 你何時會讓自己放鬆？
- 你和配偶或伴侶（包括寵物）有不安排任何事情的悠閒時光嗎？
- 如果有，通常是什麼時候？你們會做些什麼？
- 如果你有小孩，你和他們有不安排任何事情的悠閒時光嗎？
- 如果有，通常是什麼時候？你們會做些什麼？

- 你多久度假一次？
- 你通常花幾天度假？
- 你會一個人度假，或者和別人一起度假？
- 度假對你來說很輕鬆，或者壓力沉重？令你興奮或沮喪？或是以上皆非？
- 通常你對度假有何期待？你的假期確實符合期待嗎？
- 度假回來後，你在日常生活中有什麼發現嗎？
- 你曾因這些發現而做了什麼改變嗎？

電視和網路

- 你看什麼電視節目？
- 你一天花幾個小時看電視？在什麼時間看？
- 你不看電視時，仍會開著電視當背景聲音嗎？

- 家中其他成員看電視的模式和你不同嗎？
- 你們一起看電視或者分開看？若是一起，其他人看電視的習慣會影響你嗎？如果會，如何影響？
- 若你一個人生活，看電視的習慣會怎麼改變？
- 吃飯時你會看電視嗎？
- 看電視時你會吃零食嗎？
- 請你家所有成員回答前述六個問題。
- 將看電視改爲在家中使用電腦和上網，再次回答前述六個問題。
- 若你關掉電視和／或電腦，生活會有何改變？
- 你現在花在看電視和使用電腦的時間，還能拿來做些什麼？

工作

- 你最大的目標就是成功嗎？
- 你喜歡你的工作嗎？或者不喜歡？
- 你喜歡你的直屬上司嗎？或者不喜歡？
- 你喜歡公司的同事嗎？
- 你在家工作嗎？
- 如果是，這種工作形態有什麼問題嗎？
- 你偏好在家工作還是出外上班？
- 你的工作地點離家多遠？
- 你每天通勤時間多長？
- 你開車還是搭乘大眾交通工具通勤？
- 你會利用通勤時間從事其他活動嗎？如果會，是什麼活動？

- 你的工作時間比同事長嗎？如果是，爲什麼？
- 你一週工作幾個小時？
- 你的工作壓力特別大嗎？若是，爲什麼？
- 工作一整天下來，你通常要跟多少人互動？
- 你使用哪些應該能節省時間的裝置和小玩意兒？
- 你有什麼使用心得？
- 你是否發現有哪個裝置與其說對你大有幫助，不如說是控制了你？
- 你一天有幾通電話？接到幾通？
- 你一天收到幾封電子郵件？回信幾封？
- 你一天接到幾封垃圾電子郵件？要花多少時間刪信？
- 你通常一天要參加幾場會議？
- 你有多少時間完成受雇執掌的主要工作？（例如：建築師花多少時間設計？編輯

花多少時間編稿？老師花多少時間教課？）

- 你會帶工作回家，利用晚上或週末做嗎？如果會，爲什麼？
- 即使上司沒要求，你週末也會到公司加班嗎？
- 你自認是工作狂嗎？
- 即使你自己不認爲，別人會暗示或明說你是工作狂嗎？
- 你認爲自己懶惰嗎？
- 你認爲自己會拖延嗎？
- 平常你一週的工作計畫表是什麼模樣？寫下來。
- 你的工作計畫表背後有什麼觀念？

其他活動

- 你是否定期參加晚間或週末的活動？

- 你是否曾請朋友或同事來家裡吃晚餐？
- 如果是，這些邀約令你緊張，或者令你放鬆？
- 如果是，你舉辦這些活動除了開心，還有其他目的嗎？
- 你參與孩子的課外活動嗎？（例如：參加他們的運動比賽，或負責接送。）
- 如果有，你每週花多少時間從事這些活動？通常在什麼時候做？
- 工作之餘，你固定從事什麼自己熱愛的事嗎？
- 如果會，你花多少時間做這些事情？
- 如果不會，你是否想做什麼事卻一直抽不出空？
- 你會從事任何嗜好，或蒐集任何東西嗎？
- 如果會，你會花多少時間在這些活動上頭？通常在什麼時候做？
- 你生活中還有什麼活動是上述問題未提及的嗎？
- 如果有，請說明你花多少時間在那些活動上頭，以及滿足了什麼生活目標。

- 你是否過度從事什麼活動？如果有，改成什麼樣的方式比較適當？

志向

- 你現在的生活方式符合你較年輕時的志向嗎？
- 你會做哪些改變以便更符合你的渴望？
- 什麼最讓你覺得充滿活力？
- 這跟你每天做的事有任何關聯嗎？
- 你想從對你已失去意義的工作中退休嗎？
- 有哪些事是你喜愛的，但要等到退休或完成其他目標後才去做？
- 你打算要退休嗎？
- 如果沒有，爲什麼？你喜愛自己的工作嗎？你是否無法想像不工作後要做些什麼？還有其他理由嗎？

- 如果你打算要退休，幾歲會付諸行動？距離現在還有幾年？
- 你現在的生活方式符合你對意義和重要性的渴望嗎？
- 有哪些事你現在無法全心投入，但希望有時間去做？

回答所有問題後，你就有了評估生活平衡度的素材。繼續觀察自己與時間相關的行爲時，你的主要目標是留意必須「多工」和趕時間的時間運用模式，或者造成延宕和抗拒的運用模式。你可以利用這項練習的結果，得知如何處理下一章的主題。我們將在下一章檢視受制約的行爲模式，以及它們如何塑造你的生活經驗。

原則

開放性

一間房子裡，爲了在不同處所之間移動，通常會用門連結各個空間，並依隱私的需求打開或關上。問題是多數的門都很窄，將視線大幅侷限於你所在的空間之內。要是關上門，更會覺得被隔離。

有些設計捨棄標準的單開門，感覺較不封閉——滑門與壁面合爲一體，比較不占空間；雙門、摺疊門或簾子，可以創造更寬敞的出入口；甚至用簾幕代替一整面牆，沿著軌道向側邊滑開時，兩邊空間的連結更形寬敞無礙。

納入這類開放式設計，相關空間給人的感覺便會耳目一新。滑門或簾子拉上時，兩邊的空間自成世界；打開後，同樣的空間則變得寬敞而流動。

這種彈性對生活有益，但多數人生活的各個區域都是用標準尺寸的單開門相接，限制了流動感。我們常篤定地認爲自己什麼能做、不能做、喜歡、不喜歡，也就理所當然認爲這些事物永遠不會改變，進而覺得被生活和令人沮喪的事物困住。

我們不了解，只要加寬屋裡各個房間或生活各面向之間的開放度，就能大幅改變人生。我們習慣了受到侷限的視野，對自我的印象常只來自眼前投入的特定活動。藉由擴大各面向之間的連結性，我們會更了解自己，也能看出原以爲固定的牆壁，其實是可以活動的。當房間之間的視線暢通無阻，空間感就會提升，也能了解爲何過去覺得侷促和受限。

這一章，我將探討提升生活開放性的方法，讓我們不再受限，更不至於被困住。一起嘗試創新的「門」，創造喘息的空間吧！

4 移除雜物

任何你認爲沒用或不漂亮的東西，都不要留在家裡。

——威廉・莫里斯（William Morris，英國工藝美術運動代表人物）

找出時間

翻修房子時，必須先丟棄用不著的東西，這可能包括：多年前很重要，如今卻讓房子顯得過時而且阻礙動線的家具；基於房子現有設計才被保留下來的舊行爲模式；早該丟掉但一直沒丟的雜物；以及所有因情感價值而留下，如今已被遺忘的東西，徒然塞滿屋內空間，讓人無法自由活動或納入新物品。

生活中也有很多殘存的雜物和模式，若要執行「生活不用大」的藍圖，就必須把它們找出來丟了。生活中浪費掉的空間和時間非常多，清理過後，會釋出許多空間供我們進行生活改造，過程就如同心靈大掃除。困難的地方在於，我們認爲自己的家與生活是恆定不變的。我們必須擱下這種想法，接受居住的空間與感受都是上天所賜予的觀念。

細看尋常的一天，你會逐漸了解自己其實有時間做想做的事，只是眼前的事情和責任讓你看不到。找時間的藝術讓人看清，我們以不甚重要卻以爲無可避免的事物塡滿一天，遮蔽了自己的欲望。無可避免是幻覺，是阻絕眞相的濾鏡。事實上，想有多少時間都行，但若繼續在同樣制約行爲的濾鏡下過日子，改變永遠不會發生。

要找到空間和時間做眞正想做的事，第一步就是察覺自身的習慣模式。習慣模式來自你潛藏的觀念，構成每個人對眞實特有的濾鏡。

舉例來說，我的助理瑪莉有一種受制約的模式與我全然相反。我總是在一天中排進太多事情，然後因無法全部完成而沮喪，她則完全沉浸（以她的說法是「迷失」）在單一案子中，忽視其他事情。藉由拒絕急急忙忙，她維持「一切都在掌控中」的假象。你可能以爲瑪莉的壓力比我小很多，其實不然，她的事總是多到無法應付，卻沒有通盤考量輕重緩急，因此我們倆最終的下場差不多。我安排太多事情，她則安排太少，但兩人都沒有留時間給自身眞正在意的事，至少在我們容許制約行爲和習慣模式駕馭自己時是如此。

上述兩種做法，都使我們不曾眞正參與手上的事——亦即當下從未全神貫注。我忙著分神做許多事，瑪莉則太專注於一件事。我們都必須認淸自己所受的制約和背後的觀念，並擬定對策改變工作和生活方式。

我特意學習一些紀律，大幅降低了忙碌的程度，也是我改造生活的關鍵。比方說，我最具創意的時間是早上，那時還沒被大量電子郵件和語音留言淹沒。因此，我保留一天當中的這個時段：中午以前，我不看、不聽任何外界刺激，不收電子郵件，也不接電話。如此一來，我便能思緒淸晰地寫作和思考——我知道自己要全神貫注才做得到。分身有術和全神貫注是很難並存的。

只需講一通電話或快速瞄一眼電子郵件，都能說服我「有事需要馬上處理」。稍不注意，幾個鐘頭就蒸發了，而早晨的創意潛能也隨之流失。要避免這種情形，祕訣是認淸你的制約行爲模式。每當意識到有急事，我傾向立刻處理：我會不由自主地想同時做很多事。倘若不知道有急事，等我發現時再處理其實不遲。「準備好處理之前不看也不聽」，只要遵循這條簡單的紀律，我就有能力決定何時接收訊息。

我也發現一個從小就被灌輸的觀念：有能力的人在問題**一出現時**就立刻處理。這聽來不是壞事，但確實會造成意外的後果，最明顯的影響在於：若你總是立即處理問題，就會在處理完一切事情後，才做對你眞正重要的事。

認淸自己這個行爲模式之前，我一直想不透，爲何建築師工作中我最喜愛的部分——設計，也就是坐下來規畫房子的造形和性格，總淪爲一天裡最後才能做的事。事實上，我常把設計工作帶回家，利用深夜進行，才能完全不受打擾。原來白天在公司時，我總有更急的事情要處理，而且永遠有人需要我幫忙。要做我眞正樂在其中的事，必須一個人獨處。

各種制約模式合起來構成了我的個性和形象，若我老是處理枝枝節節，就做不了任何對我有意義的事。這是我強加在自己身上的地獄。大部分時候，大多數的人都會這麼做，人人皆有令自己沮喪的方式。

瑪莉對治習慣模式的策略和我恰恰相反。我是將干擾摒除在外，她則爲大小事情都做了工作計畫，提醒自己檢視進度。她設定電腦行事曆，適時提醒每天該做什麼，以免過分投入某件案子而忘了其他事情。每次電腦提示的聲響都會打斷她對單一活動的專注，使她想起其他責任和要事。

瑪莉做事專心一意所潛藏的觀念是，隨性是好事。事先計畫和做決定可能會限制後續的發展，因此愈少抉擇愈好。然而，不做決定會導致缺乏方向感，也無法了解事物的相對重要性。**她**心目中完美的眞實，是在未經計畫的大海上隨波逐流，沒有任何干擾和承諾；這必定會使她的人生缺乏使命感和有意義的事。雖然她的生活和我恰好相反，但兩者同樣悲慘，而逃離這樣的生活，需要等量的專注和努力。

以這種方式處置習慣模式，有點像是訓練巴夫洛夫的狗（編按：知名的古典心理學制約反應實驗——餵狗時先搖鈴，一段時間後，只要聽到鈴聲，狗就會流口水），但習慣有潛藏的危險。曾想戒斷某種習慣的人都知道，這有多困難。有時爲了戒除某種行爲，採取的方法必須能引出我們想要的反應。這和訓練小孩無異，只不過對象是自己。先確認改變的需求，然後擬定能奏效的計畫。

換你了

讀到這裡，你是否想到自己如何運用時間？你的模式與前文提到的類似，或者迥然不同？你能找出自己利用時間的方式背後潛藏著什麼觀念嗎？能找出對策幫助自己改變嗎？花幾分鐘在筆記本上寫下你對利用時間的想法和點子。接下來，你可能會想到更多習慣模式，請將筆記本放在手邊。

重複播放的制約行爲

制約行爲和習慣模式，就像錄在錄音帶或CD上的聲音，可以重複播放，每次聽到的東西都一樣。有些老人家會不厭其煩地重述往事，直到親友忍不住說：「奶奶，這個我們都知道，你以前就說過啦。」彷彿腦袋按下重播鍵，卻找不到停止鍵，不管旁人作何反應，都會播放到最後。

我們的制約行爲也差不多。制約模式是你早已設定成「自動重播」的一套行爲和反應。很久之前，當特殊情況或刺激首次發生，如果有一套行爲和反應管用，往後只要發生相同的狀況，你就會使用同一個模式。因此制約模式就是，某種行爲經過一次的學習後便牢不可破，即使未必適用所有相似的狀況。

當然，有些制約模式很好用，讓我們成了文明人。有些制約模式在我們小時候很管用，但早該功成身退了。有些則從未派上用場，徒然減損我們對眞實世界的體驗，導致潛能無法完全發揮。想想看，若不受過時、不管用的行爲模式拖累，我們會有什麼樣的眞實面目？毋庸置疑，一切會大不相同。

成長過程中我最大的恐慌之一，是面對憤怒。我一定是在很小的時候經歷過憤怒，決定盡一切可能避開它。因此我學著當個乖小孩，以遠離正面衝突。我總是熱心助人，在別人開口前就預知他們的需要，並滿足他們；年紀漸長，更形成不斷「預先」幫別人救火的行爲模式。對正面衝突的潛在恐懼，使得我養成這樣的習慣。小時候，這麼做能讓我博得父母的讚賞和感謝，但長大成人後，下場就不一樣了——忙得團團轉，卻沒人稱讚我。直到我能客觀地觀察自我，釐清狀況，才逐漸擺脫這種窘境。

看清是怎麼一回事後，雖然接下來幾年偶爾可能重蹈覆轍，但你不會再糊裡糊塗，而且會告訴自己：「對，我就是這樣才會分身乏術。」相同的邏輯，也適用於其他習慣模式。過了一段時間，你就能保持適當距離，認清制約模式的本質──不就是個模式，一段在找到停止鍵前不斷自動播放的錄音。當制約模式停止播放，利用時間的方式將會改變，因爲你再也不用和想像中的魔王搏鬥，陳年的制約反應對你也不再管用。

這段話怎麼聽都覺得很棒、很清楚，尤其對制約模式和我相去甚遠的人，更是如此。我們很容易精準看出別人的制約模式，因爲和自己的知覺濾鏡大不相同，對比之下非常明顯。我想起一位在我公司工作好幾年的年輕建築師，他老是將任務所需的時間少算三分之二，不曾例外過。即使旁人已經明白點出，他似乎從不覺得有問題。他只是無法相信，有哪件事眞的得花那麼長的時間。他潛藏的觀念是「速度非常重要」，假如他願意努力工作，任何事都可能在破紀錄的時間內完成。

我還記得一位優秀的工匠，他總在建案快完工時，才肯跟客戶討論變更設計所增加的成本。這種作風勢必造成天下大亂。他搞不懂業主爲什麼發火，帳單上的花費都來自他們的要求啊；他似乎不覺得，最後一刻才講有哪裡不合理。在他看來，只因忙著要完成工作，才無法早點報價。周遭所有人，包括他雇用的三位木匠，都清楚看出問題出在哪兒。但我們費盡唇舌，他還是不能理解。每件案子即將完工時，都是一場夢魘。最後，儘管他手藝高明，我再也不推薦客戶找他。

這只是一些例子，說明不合時宜的行爲模式如何塑造我們的現實世界，但解決之道得來不易。我花了多年觀察、學習和傾聽內心，才能認清並記下自己的習慣模式。這麼簡單的東西，爲何難以看清？因爲回應外在世界的行徑，正是我們內心世界和自我認知的基礎。這一章末尾的練習，將幫助你找出爲**你的**世界築基的制約模式。

大千世界

看萬花筒時，會看到光被鏡子反射造成的繽紛圖形。萬花筒的一端通常有個圓盤，圓盤內裝了五顏六色的半透明小紙片，共同組成炫目的幾何圖案。只要移除一、兩個紙片，圖案就變得很不一樣。看待世界的濾鏡也是如此；濾鏡改變了我們體驗事物的方式，而且幅度很大。

當你確實開始去辨識，對自身的想法會構築出我們體驗到的現實。任何時刻所發生的任何事，感覺都很真實，但兩個人對同一件事鮮少會有同樣的記憶。在同一間屋子裡長大的手足，童年回憶就可能迥然不同。

我們的經驗幾乎完全奠基於制約模式，以及制約模式所形成的濾鏡。比方說，前面提到的工匠若願意丟掉他的濾鏡，不再遲遲不談費用，而是每次業主要求更動時就當場討論，相信客戶就不會再因突然發現預算增加而對他發火。他對工作表現是好是壞會有全然不同的感受，精湛的技藝也能獲得應有的讚賞。只要揚棄一個相當單純的制約模式，他的人生經驗就會全盤改觀。

再想想那位總是嚴重低估作業時間的建築師。由於想在預估的時間內完成案子，經常得加班到深夜，而且步調異常快速。丟掉這個行爲模式，他的人生會順暢許多；會有時間好好睡覺吃飯，也能從工作中獲得更大的成就感。他將從每項任務中得到更多，因爲他能享受工作的樂趣，而不是馬力全開地趕工。

數年前，我負責管理一家建築師事務所時，一位行政經理不相信我們這些受過建築訓練的員工會在乎她的需求。她覺得自己是局外人——這問題在大多數員工都比較重視「專業」紀律的公司很常見。我們自認是在創作藝術品供客戶居住，而就像許多藝術家，忽視許多行政細節。她讓我們注意到這個行爲模式，於是大夥兒一致決議，盡量顧及她的考量。

最大也最常見的問題，是無法準時繳交出勤卡。只要有一個人遲交，就會影響發薪作業，行政主管的日子也會更難過，壓力更大。因此我們想出一個避免遲交出勤卡的方法：全體員工都在應該繳交出勤卡的前一天早上九點前繳交。照理說，這樣就能解決問題，但卻不然。

實施新做法的第一個月，一切順利，看起來大家都很滿意，包括行政主管在內。但第二個月初，我在交卡日當天早上八點四十五分進辦公室，竟看到行政主管一臉沮喪，因爲還少一張卡。到了八點五十七分，尚未交卡的禍首悠閒地走到櫃台，拿著出勤卡與櫃台同事聊天；九點零一分，他才無關緊要似地將出勤卡放到行政主管桌上。

行政主管火速走到我面前，因爲憤慨而漲紅了臉。「看到了吧？」她激動地說：「他們不在乎！一點都不在乎！花那麼大工夫實施新做法有什麼意義？」

發生了什麼事？

有一個人遲交出勤卡一分鐘。也許他是故意的（若是如此，那和**他的**制約模式與潛藏觀念有關），但行政主管選擇相信一張卡「遲交」證實了她最深的恐懼：眾人不肯如她所願。而依據她的潛藏觀念，這意味著大家不把她放在眼裡。

如果不是透過這層濾鏡看事情，她可能會很高興比以前早二十四個小時就收到所有卡片。那位員工雖然遲交，但比起以往已經進步許多；如果她能這麼想，並謝謝他的配合，搞不好會激勵他下一次準時交卡。然而她卻選擇（或者應該說「她的制約模式選擇」）將當時的狀況解讀爲**沒有人**在乎她的需求。

舉這個例子，是因爲當中的制約模式相當明顯。心理學通常稱這種模式爲「洞」(hole)，因爲不管一個人多努力，都無法填補這個洞——無法獲得滿足。你可能自認沒有這種問題，其實我們無一倖免。而就像那位行政主管無法看出自己的制約模式，在探索內心找出自身的模式之前，你也看不到。對你來說，這些模式的存在合情合理。其實不然。它們是你殘存的過去，再也無用武之地，而且在不知不覺中破壞理當體驗到的寧靜和喜悅。就像魚生活在水中而無法察覺被水包圍，制約也是如此。唯有當我們極度平靜，或刻意改變做事的方式，才有可能看清所受的制約。我們透過制約模式來體驗世界，而制約模式多到成千上百，別想一次解決，否則可能會被壓得喘不過氣來。

打從一開始，就要體認到「生活不用大」並非終點。這是一趟持續終生的旅程，藉此愈加認淸自己、了解自己。若你把焦點放在目標，迫使事情發生，大門將會繼續深鎖。唯有對人生盡可能保持開放的態度才行得通。當你學會以不同角度看事情，生命中的一切都會對你的成長有所幫助；而認淸自己的主要制約模式，能讓你往前邁進一大步。

練　習

找出你個性的基礎

所有制約模式合起來，形成一個人的個性。雖然一般談話中，我們常將個性視為「好」東西，例如「他的個性很好」、「她個性很活潑」，事實上，個性並不是我們的朋友。個性會逐漸發展成保護和捍衛人的自我形象——我們稱為「我」的認知。問題在於這個過程同時切斷了我們和「眞我」之間的連結——眞我是沒有濾鏡遮蔽時眞實呈現的我。因此個性只是制約模式的總和，多數奠基於幼年的不足和缺乏安全感，所有個性都阻礙我們完整體驗眞實的世界。

為了發掘更多潛能，你必須了解塑造自身個性的主要制約，以及你對自己的認知。做這項練習時，必須對自己坦誠。有些即將檢視的事物看似不重要，甚或令你尷尬。你會告訴自己，有些東西每個人都有，不值得一提，還有些你可能深以爲恥，根本**不敢**承認。但倘若你想知道自己的個性架構以及形成的原因，一定要檢視所有制約，尤其是令你最不自在的部分。

練習時務必記得，這些行爲模式並不是「你」。制約模式就像錄音，重複聆聽造就了今日的你，讓你相信錄音內容就是眞實的你。其實，錄音是阻擋你發揮全部潛能的障礙，而你是播放錄音的卡帶或ＣＤ，不是錄音內容本身。

一段時間後，這項練習將帶你找到關閉每一個制約模式的按鍵。有些模式要花好幾年，有些可能永遠找不到，所以別太苛求自己。過程中催促、強迫或自我批判都沒有好處，唯有開放的態度，才能令一切自然呈現。倘若你傾聽與生俱來的內在智慧，制約模式將會逐一現形，也會益發了解自己的人生觀。

接下來請這麼做：

1. 寫下所有想得到令你沮喪、不快樂或不滿的事物。一項寫一行。你可以用下列問題來起頭，但不限於此。

有特定字眼會令你產生負面情緒嗎？有特定的人會讓你抓狂嗎？你非常討厭某些地方嗎？有沒有什麼對象（有生命或無生命的皆可）總會惹火你？有特定的事件或狀況會令你不自在嗎？若還想到其他事物，全部寫下來。

2. 在筆記本的下一頁，以同樣方法列出所有讓你快樂、喜悅或高興的事物。以下這些問題能幫你起頭：

有特定的字眼會令你產生正面情緒嗎？你總是很高興見到某些特定的人嗎？有些地方特別令你感到自在和滿足嗎？有沒有什麼對象（有生命或無生命的皆可）總會令你開心？有特定的事件或狀況總讓你覺得特別喜悅嗎？

3. 這個步驟很關鍵。試著在1和2的清單上各個項目旁邊（你想要的話，用另一頁也行），寫下第一個想起來令你有此反應的事件或狀況。想到什麼就寫什麼，篇幅不限。這類的練習，有時會讓你想起完全遺忘的事，寫下來能讓你更仔細地檢視事件背後的力量。

比方說，玫瑰總是引起你的反感，你記得原因嗎？也許你小時候受玫瑰花吸引，走進隔壁老人的庭院仔細觀賞時，壞心的他馬上對你大吼？於是你告訴自己：「反正我討厭玫瑰！」確認反感的根源，能讓你以新的方式看待玫瑰，並摒棄舊日回憶的干擾。倘若沒找出制約行爲的底細，感覺會繼續扭曲，玫瑰能帶給你的快樂也橫遭剝奪。

老人大吼時你的情緒反應，就像錄音帶一再重播，聽起來奇怪，但制約我們的模式通常就是這麼荒謬。制約常常是防衛機制，讓我們做出旁人覺得可笑的反應。你應該看清楚，錄音剝奪了一個人體驗美好事物的機會，而唯一傷到的人就是**你**。

4. 如果你不記得大多數制約模式初次啓動的情形，可以用以下的方式，聯想造成某個模式的原始刺激。在頁面中央寫下一個字或詞來描述問題。接著在這個字詞的周圍寫下腦中浮現的所有字句。不要修潤，最好想到什麼就寫什麼，才不會有時間分析想法。看似離題或彼此毫無關聯也無妨，可以稍後再做評估。底下是參考的例子：

什麼都不懂

沒有希望　不知道我是誰

非常寂寞　好孤單

悲慘　受驚　軟弱　膚淺

窒息　受到挑戰　渺小　無助　智慧

迷失　損失　**當某人生氣**　迷失　失去

沒有愛

擔心　受傷　恐懼　荒廢　恐懼　可怕

愛

心煩意亂　痛苦　損失

我在哪裡？　我是誰？

沒有重心

每做一次練習，都會得出不同的結果。但以我來說，不管制約模式源自何處，幾乎都發生在我非常小，還在從照顧我的人身上試著了解自己是誰的時候。照顧我的人是誰並不重要，重點是確定別人生氣時我會心懷恐懼，擔心自己會消失或者不知道自己是誰。對照成年後的經驗，我發現這個解釋和我的感覺有關。

這幾年來我大略了解了某些制約模式的根源，再遇到相同情形時仍會害怕，但再也不會失去自我認知。這層啓發大幅改變了我的日常生活經驗，因爲如今我了解，衝突和憤怒並不會對生命產生威脅。理智明瞭這一點，制約模式告訴我的卻相反，個性則試圖要我永遠避開憤怒。因爲恐懼，我擋掉了一大部分的眞實。

最後這兩個步驟，我用步驟1所列的清單來舉例，因爲那些制約模式會以比較有害的方式影響生活，但同樣的方法也適用於步驟2。步驟2的制約模式看起來有比較正面的影響，但仍是你個性的一部分，在塑造個人經驗時，和步驟1各項模式的力量一樣大。

你可以不斷重複這項練習。一旦抓到竅門，就能幾近自動執行。察覺出某個模式的存在，並且說「原來如此，這就是某個制約模式的重播」，便能逐漸耗盡該模式的能量；一旦認淸自己所受的制約，你就不容易再買帳。一段時間過後，你的個性將掙脫韁繩，體驗世界時濾鏡愈來愈少——那個過程能讓你獲得最極致的體驗。

原則

內部視野

住家設計最需要注意的原則之一是**內部視野**，亦即住宅內部的景觀設計。通常我們都善於思考從窗戶往外看會看到什麼，卻忘了大部分在家的時間，我們的視線是在室內的各個空間流動。室內視野和壯闊的室外景致一樣，可以既迷人又提振心神。而當房子能餵養心靈這樣的養分，我們會得到更多「家的感覺」，因爲房子正以某種方式和我們對話。藉由視覺的對話，房子提供了一處令人愉悅、時時爲你打氣的生活場景。

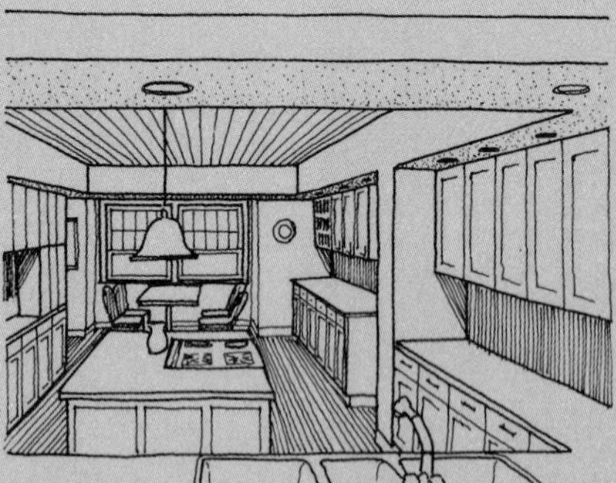

住屋內部的景觀，非常類似內省和夢想的世界所提供的視野。睡夢和白日夢都能讓我們有所得，而當我們去除自我觀察的障礙，並將從夢境學到的東西加入觀察之中，內在世界的視野會變得更具啓發性，也豐富許多。日常生活經驗能幫助你了解自己的內在本質，但在發現這點之前，你只關心外在世界是什麼模樣，以及它如何對待你，就好比你只關心從家中窗戶看出去的風景一樣。

想像一下當你開始美化房子內部所有的景觀，生活會變得多麼有意思、多麼令人興奮。房子對感官的刺激將會大幅提升。你會意識到房子的空間感、光影流轉的變化，以及住家的自然次序與本有美感所蘊藏的舒適和鬆弛。探索生活的內在經驗時，也會獲得類似的效果。這就是本章的主題——如何檢視內在，找到嶄新且意想不到的視野。

5 傾聽你的夢想

當你終於看穿阻擋事物眞貌的面紗，你會不斷地說：
「這絕對跟我們原先想像的不一樣！」
——魯米

尋找意義

房屋翻修計畫最重要的原則之一，就是了解你眞正的需求。我們內心深處都有對家的偌大夢想，但大多數人認爲自己負擔不起實現夢想所需的費用，因而從不認眞當一回事。「將來也許能這麼做，但是……」人們這麼想，然後便將夢想擱在一旁。

但是，倘若你開始傾聽夢想呢？

夢想會告訴你什麼？要知道答案，唯一的方法就是試試看。問題是，我們從小就被教導，不要全然相信自己的夢，因爲不切實際。就像將焦點放在面積大小而忽略房子的重要特質，我們被訓練成注重冷硬的事實，不理會夢想。但是，夢想能夠教導我們許多事情，一直將它拒於門外，就彷彿蒙上眼睛。當然，夢想遠不如事實那般明確，但那正是夢想的本質——也是優點。夢想能指引我們，而非精確地促成特定事件發生。

這就是改造生活的下一步：傾聽你的夢，了解夢想傳達的訊息。只要學會善用夢想，便能獲得打造「不用大」的生活最有用的工具，有助於你已經熟知的自身個性與尚待探索的內在本質溝通。在這個物質年代，夢想含有某種人們經常忽略的意義，但除非學會傾聽夢想，你的改造將徒具物質機能，卻無法激勵心靈。「不用大」的生活包含功能和激勵這兩項特質，而且須等量齊觀。

我還清楚記得高二英文課時，老師告訴我們，虛構作品的作者可能藉由故事暗示讀者一些訊息。我們當時讀了托爾金（J. R. R. Tolkien）的《魔戒前傳：哈比人歷險記》（*The*

Hobbit），雖然托爾金否認他的小說隱藏寓意，其實那本書除了娛樂價值，還有很多地方值得探究。老師要我們寫一篇讀書報告，找出小說裡頭更深長的寓意。

那天下午我滿懷興奮地回家。我變成探險家，準備深入探索一座充滿想像、角色眾多的叢林，挖掘賦予小說重大意義的珍貴線索。老師簡單的幾句話，激勵我從此以新的角度閱讀每一本書。彷彿獲得一項非凡的新工具，藉以察覺深藏在角色背後和自己生活中的意義，我非常興奮，開始廣泛地閱讀：從卡謬（Albert Camus）到杜斯妥也夫斯基（Fyodor Dostoyevsky），從海萊因（Robert Heinlein）到尤涅斯柯（Eugène Ionesco），從史坦貝克（John Steinbeck）到馬克·吐溫（Mark Twain）。我向來不怎麼看重故事情節，不會爲了消遣而讀書；但作品隱藏什麼寓意，就完全是另外一回事了。

一如鋪陳小說情節，我們可以描述自己的生活內容，除了場景、人物和事件，還包括主題、模式和隱藏的意義。無須改變生活的方式，只要有了這層認知便能辦到。

如果你看過電影《駭客任務》（*The Matrix*），就會知道主角尼歐（Neo）了解世界完全不是表象所見的過程。在電影中，世界其實是一組由軟體掌控的龐大電腦程式，可以用一切方法，阻止人類察覺自己的生活原來是一場夢幻。尼歐是少數能看穿夢境、發現表象底下資訊流的人。一旦不再相信他所看到、觸摸到或感覺到的表象是絕對眞實，就能逃離程式的掌控。世界眞正的樣貌，有沒有可能和我們的認知南轅北轍呢？

換你了

讀過這一章後，你也該抽空看看《駭客任務》、《楚門的世界》（*The Truman Show*），或任何鼓勵你跳脫共識現實（consensus reality）框架思考的電影。你會以另一種角度思考自己所感知的真實——未必是思考到底何謂真實，但至少是異於我們對事物的尋常看法。我最愛的電影還有《夢醒人生》（*Waking Life*），這部精巧的動畫片需要較強的理解力，但能刺激觀眾質疑自己所相信的真實。如果你還想看別的電影，「生活不用大」網站上有建議清單。看過你選擇的電影後，問問自己：「我怎麼知道人家要我相信的，就是事物真正的模樣？」以及「不然，什麼才能說服我？」

想像你出生於一千五百年前，當時所有人都認爲地球是平的，所以地球**就是**平的。

接著快轉一、兩百年，根據畢達哥拉斯（Pythagoras）、亞里斯多德（Aristotle）和歐幾里德（Euclid）的研究，大家一致認爲地球是圓的，而且是宇宙的中心。再次快轉。拜十六世紀哥白尼（Nicolaus Copernicus）的研究所賜，此時我們得知是地球繞著太陽轉，而非太陽繞著地球轉。共識現實不斷地改變，此刻的觀念對未來的人類而言，未必是對的。

如果我們檢視現今人類社會的共識現實，可能是這個樣子：

我們在這世上的挑戰，是要在成長期間多學點東西，以成爲具生產力且在經濟上自給自足的公民。不一定要結婚生子，但社會強烈鼓勵人們這麼做。我們成年後大部分的時間都在工作，通常是爲別人工作，以賺取薪水購買基本必需品，像是食物、住宅、衣服、交通運輸等等。一旦這些都充足無虞，我們會添購更高級的物品，好讓生活更爲輕鬆，比如說：品質更佳的食物、更好的新衣服、更完善的醫療照護（包括牙醫）、私人交通工具（通常是汽車），以及更好的住宅，安裝了能節省時間的器具，像是中央冷暖氣系統、洗碗機、有數十個甚至數百個頻道的電視。當家有了基本的舒適程度，我們可能會加上一年一度的旅遊假期、經常性的休閒娛樂，以及偶爾上上館子。

購買這一切必需品，以確保全家生活的舒適之後，接著我們會逐漸將所有物品升級到更大、更好、更有名氣的境地：經常光顧最好的餐廳；換更大的房子好容納愈來愈多生活用品、頂級家具、新奇玩意兒；改穿設計師品牌和量身訂製的衣服；定期接受按摩治療、脊椎指壓和心理治療；換更大、更貴的最新款轎車；以及到現在擁有的第二個家去度假。

達成上述目標後，我們把爲退休而準備的錢存放在安全的地方；所謂「退休」是指六十五歲以後、不用工作而且獲准享受生活的悠閒時光。我們被灌輸的觀念是在人生最後階段盡情享樂，直到體力無法負荷。這時，我們住進經過規畫的退休社區或逐漸年長的孩子家中（如果有小孩的話），用簡單的娛樂（比如玩牌、看電視）來殺時間，直到「辭世」——死掉的委婉説法。

這就是大多數北美中產階級的人生遊戲。這場遊戲只會有少數幸運的「贏家」，他們不會有卡債纏身、背負保險不給付的高額醫療費用、面對捉襟見肘的退休生活。倘若聽起來有點八股，那是因爲你還沒遇到。我們渴求的事物是沒有血肉的框架，剝除了讓我們感受痛苦或滿足的經歷。我們將長大後的目標設定為賺錢，這是大多數人在青少年或二十歲出頭時選擇的方向，也是成年後超過三分之一清醒時刻所做的事。即使各個環節都達到「成功」的標準，在滿足基本生活條件，並確保在可預見的將來物質不虞匱乏之後，我們還是繼續打拚事業。倘若你問大多數的人這麼做是為了什麼，他們可能會疑惑地反問：「不然要做什麼？」

這套制度設計的本意是要確保物質享受，但對於充分獲得物質享受後該做什麼，則隻字未提。以這種角度看待生活，顯然是遵守「倘若一點點物質享受是好事，更多享受一定更好」的觀念。但如今我們必須自問：「我們何時會知道自己擁有的已經足夠？」「假如不執迷於更多的追求，我們該過什麼樣的生活？」現在，該是讓共識現實提供我們新視野，或至少提供一些新選擇的時候了。

學會閱讀新藍圖

至此，我已經稍微鬆動你對共識現實的信念，並拆穿我們從小被灌輸的目標。接著，我們來想想看，有什麼方式可以重新思考人生究竟是怎麼一回事。不妨試著做做夢。幾個世紀以來，人不斷地問：「我在這裡做什麼？」「生命的意義是什麼？」當然，這些問題很**大**，而且非常深奧，通常沒有答案。但隨著年紀漸長，這些問題似乎更爲迫切。

十三世紀蘇菲派詩人傑拉魯丁・魯米有一段很棒的教誨，能幫助我們了解自己缺少了什麼：

這世上有一件事，你絕對不能忘了做。人類是爲了特定的工作而來到這世上，那是他們生命的目的，而每個人都有明確的任務。倘若你忘了其他一切卻沒有遺忘這件工作，就沒什麼好擔心的。倘若你記得其他一切卻忘了眞正的工作，此生便一事無成。

魯米接著闡明，我們出生時獲得的素材很珍貴，能塑造成任何東西。他說：「它是個金碗，卻被拿來煮蕪菁。明明金碗的一片碎屑就能買到一百口合用的鍋子。」我們將這寶物大材小用。我們自以爲是優秀、有生產力的人，因爲我們拿自己的碗煮出了一大桌菜，卻沒有認清碗的眞正用途，也不明白若用不同的角度看待這只碗，它能給予我們什麼樣的食物。

依據魯米的教導，在這世上有一件事絕不能忘記。雖然他沒有明說是什麼事，但探討那些**大哉問**時，我們感覺到了，並且隱約了解其價值的珍貴。但討論歸討論，事後我們經常將它拋諸腦後，回復往常的生活。有時候，我們感覺得到自己的碗不只能煮蕪菁。在我們有所領悟的當下，並注意到內心某個渴望，我們會看清生命的意義有可能大於自己的認知。但是，我們忽視這些眞正重要事物的線索，因爲共識現實不承認它們的價值。

魯米提到的那一件事，就是我們存在的意義，幾乎完全爲我們的制約模式所掩蓋。內在智慧鼓勵我們去了解，但由於無法確定那是什麼，便很容易拒絕付諸行動。於是我們繼續渾渾噩噩，假裝生命中最重要的是下個月的薪水、下一棟房子或下一個孫子。

這些事確實可以帶來樂趣或滿足，但也只是我們清醒時的生活內容，而非意義。要了解這一點，必須學會以不同的方式**閱讀**生活。這就是我們需要新藍圖的理由。共識現實給我們的設計圖，只提供文化濾鏡和個人濾鏡重疊下顯現的方向。

接下來，我將教你取得內在世界寶藏的技能。我認爲在不久的將來，每個人都將在全能教育中學到這些技能，屆時生活的輕重緩急也會跟著改變。就像識字能擴展人的視野，完整閱讀生活的技能，也將顯著影響我們的決定。我們將更能分辨，什麼會讓我們成長茁壯，什麼不會；也能避免讓自己身陷困境，以致無法辨識更重大的意義或獲得滿足的機會。

另一種特殊語言，是建築師用來和建築工人溝通的語言。在我們稱爲藍圖的一系列圖片中，有各種線條和標記，告知工人在哪裡建什麼，以及如何組合各個環節。沒有受過專業訓練的人，是看不懂這些圖的。這是生活改造的另一種隱喻。

那麼，改造生活的藍圖描繪出什麼新輪廓？學會閱讀自己的生活，代表什麼意思？我們不了解，有很多層面的自己從表面上看不到。學會熟練地看穿這些層面，就能展現更多內在視野，進而更完整地了解自己。而爲了要看到、解讀內在的層面，並從中汲取意義，我們必須學會閱讀一些新符號，就像學習新語言一樣。

每個事例都讓我們發現，汲取意義的過程並非一條直線，了解到的事物也不是固定不變的。學習在小說中尋找寓意之所以帶來滿足感，是因爲讓我們對人性和自己有更深入的認識。新藍圖也讓我們從故事情節和符號中汲取意義，但你現在要觀察的故事就是你的人生。我想再說一次，眞正的樂趣和滿足，來自於檢視內容和情節背後的眞正意義。

夢的本質

當你學會檢視的技巧，夢能提供探索內心世界的出發點，以及深入自己某些隱藏層面的指引和見解。夢也能給予你觀察日常生活的新角度。因此，下一個部分相當重要——不只提供你檢視夢境內容所需的地圖，同時示範如何將同樣的技巧應用在清醒的時刻；我們知道睡夢是虛幻的，終究會清醒，所以通常不相信在現實生活中行得通。藉由探索轉瞬即逝的夜夢現實，我們將學會以更具彈性、更富創意的方式解讀日間的現實。

共識現實逐漸接受夢有可能不只是前一天生活片段的回收，還能反映我們仍不了解的自我面向。過去一百年來，打從佛洛伊德（Sigmund Freud）和榮格開創性的作品問世，大家就對探索神祕睡夢世界所潛藏的意義深感興趣。但西方的文化偏好已知事實和科學可證明的結果，因此許多人懷疑夢想世界具有價值，就算醒來時記得夢境，也不想理會。但是，當你去搜尋隱藏的意義，便有可能獲致深入的見解；這也是一種領悟的經驗，不只令人興奮，而且令你感覺更有活力。

倘若你過去認爲夢境毫無意義而從未注意，現在請你稍微將心門打開，接受「夢境可能意義重大」的思維——夢境的意義無法精確定義，它來自探索的過程，而非任何特定的詮釋。

即使你是記不住夢境的人，仍然得閱讀這一節。重要的是探索過程的動力。不管你是否開始記住夢境，在此你將學到「生活不用大」的基本技巧，因爲它們教你看到事物表象下隱藏了什麼。

活出問題

從小我就對夢很感興趣，因此成年後大量涉獵解夢的書。我興奮地發現：夢境世界中的所有角色，都能代表某個面向的自己。倘若夢境中有某個角色是你難以忍受的，請你自問：「我在抗拒自己的哪個面向——言行舉止像這個角色的面向？」若你在夢中出了意外，你可能要問自己：「我在迴避什麼再不注意就會出問題的事嗎？」只要坦白回答，或許就能找到原本沒看到的動力、恐懼和內在過程。

夢境很少能直譯。我記得幾年前讀了安·泰勒（Anne Tyler）的出色著作《生命課程》（*Breathing Lessons*），其中一則故事描述：老人歐提斯（Otis）先生因妻子杜魯絲

（Duluth）的言語虐待而非常沮喪。杜魯絲篤信夢境是真實的，夢到丈夫在夢中惡毒對待她後，隔天就會對他所做的事還以顏色。我們可以對此一笑置之，但我們的確很難接受夢中的一切其實跟另一個人**無關**，而是跟我們自己有關。夢中每個人物，都是潛意識所挑出來，精準描述自我的某個面向。

舉例來說，你在夢中堆沙堡時，有個凶狠跋扈的人攻擊了你。這不代表你在現實生活中會被同樣的人攻擊，但**確實**指出你個性中某個面向正在攻擊另一個有建設性的面向。你對沙堡的聯想，能賦予夢境迥然不同的解讀。聯想若是正面的，也許能回溯至五歲時和父親一起堆沙堡，父親鼓勵你用雙手創造美好的事物，如此一來，夢的象徵是有建設性的。但倘若你腦中立即浮現的是「建造空中樓閣」（也就是「做白日夢」），意義就大不相同了。以此例而言，你受到攻擊的面向很可能代表「不切實際的夢想家」。

解夢完全取決於**你的**聯想和賦予的意義。沒有人能告訴你，夢境的意象代表什麼，但或許有人能協助你找出關聯。解夢沒有標準答案，唯有對夢保持開放態度，才能獲得深刻的見解和體會。若是太過苛求或刻板，只會受挫。夢境只會指向意義，沒有絕對的意涵。

二十世紀詩人里爾克（Rainer Maria Rilke）寫信給一位胸懷抱負的年輕詩人時，給了他一項很好的建議。他優美地敘述研究夢所需的態度——事實上，也適用於探索任何不明確的事物：

> 耐心對待心中所有懸而未決的事，並試著去愛問題本身，宛如上鎖的房間和陌生外文書。不要尋找尚未獲得的答案，因爲你無法活出它們。而重要的是活出一切，現在就活出問題吧。或許在不知不覺中，將來有一天你將逐漸活出答案。

一旦學會運用夢境，它們可能成爲極具啓發性、強有力的工具，讓你探索內心世界。以好奇的態度研究夢，將能像里爾克所言「活出問題」，過程中也能揭露你個性裡的許多動力，以及通常看不到的潛力。這一章末尾的練習，將能幫助你探索自己的夢。

清醒經驗的本質

學會閱讀生活改造藍圖的下一步，是將從睡夢中所學到的事物，轉換成清醒經驗的詮釋。從睡夢中醒來後，你常因發現方才的經歷只是一場夢而大大鬆了口氣嗎？你常希望自己的人生只是一場夢？其實可以，只是方式可能和你想像的不一樣。

我一直在想：該怎麼形容這種體驗事物的另類方式呢？而今早我醒來時，有了答案。答案出現在夢中，所以我要和大家分享「如何依據自己目前生活的問題，來接納夢和經驗的揭示」，以及「如何穿透清醒時刻事物的表象，而看到無時不在身邊的另一層面——亦即藍圖所揭露的新向度」。這種嶄新方式的好處在於，當你學會看穿生活內容的本質，對日常現實的體驗將大幅改變。即使周遭環境的內容依舊，但你的生活會開始充滿饒富意義的特質。

我的夢境是這樣的：

我人在洛杉磯，雖然周圍景物看起來更像舊金山；我和弟弟、妹妹同乘一部車，開車的是我妹妹。爬上一座很高的丘陵頂端（很像舊金山倫巴德街〔Lombard Street〕頂端）時，我們差不多是直接俯瞰下方的大海。我馬上看到海面下有個驚人的東西。那是一條大鯨魚，眞的**非常巨大**，或許長達一百公尺。我驚呼：「趕快看！看到那條游到海灘附近的大鯨魚了嗎？」妹妹倒抽了一口氣；我倆都看到了。但是我發現弟弟並沒有認眞瞧上一眼；他經常走這條路，而且之前已經在這兒看過許多海豚和其他較小的海洋生物。他說在這個地點很容易看到海洋生物，但他懶得眞的去看。

那條鯨魚像是史前生物，或者更精確地說，牠超越時空。牠背上的斑紋宛如從外太空看到的大陸，長長的灰棕色身體上有不規則的綠色斑點。牠由左往右朝陸地靠近，稍微將身體浮出水面，並且進入岩石中一個寬而淺的洞穴，那應該是牠的窩。另一條大小相仿的鯨魚緊緊尾隨，跟著游進海中的庇護所。在夢中，我的情緒非常興奮。

接下來「研究夢中象徵和我對每個象徵的聯想」的過程，是本章末尾「夢境練習」的例子。我舉這個例子是爲了幫助讀者研究自己的夢，同時探討以我自己的濾鏡檢視時，鯨魚夢可能代表什麼意義。

鯨魚：我認爲鯨魚是很了不起的生物，牠們的知覺和意識程度很高。靠近鯨魚時，我覺得活力十足，彷彿自己的感官能力也獲得提升。

非常陡峭的斜坡路：我爬上舊金山倫巴德街頂端的經驗，不是出現在現實生活中，而是一九七一年剛搬到美國時，在迪士尼樂園三百六十度電影院的模擬體驗。電影有一幕，是從在倫巴德街陡坡上高速俯衝的消防車吊籃裡看到的驚人景象。因此我的聯想是：

以嶄新的觀點在嶄新的國家看事情，能提供大量之前無法想像的經驗，而且完全攫住你。

弟弟和妹妹：我的確有一個弟弟和一個妹妹，他們也的確住在洛杉磯。我認爲他們代表這段人生旅程的同伴。在這個夢中，我不知道他們是否見到相同的景象，但我眞的很想和他們分享。既然我是在思考如何對你們（讀者）解釋這種看世界的新方式時，做了這個夢，因此他們也代表你們——我尚未看到、但更覺醒的面向已經看到的部分。

夢中開車的妹妹代表我的女性面向，她在我的指引下能夠看到鯨魚。我認爲女性代表直覺、感受性，以及能開放心胸接受新觀點。

夢中的弟弟則是我的男性面向，他自認爲知道我在說什麼，因此懶得瞧一眼。我認爲男性代表行動、完成目標、知識和獲取。

海洋：似乎永遠神祕且美好。我愛海的顏色，也認爲大海是地球第一個確切存在的部分。沒有水就不會有生命。我也將海聯想成一大片意識，如今我了解一切事物都是由意識所構成的；另外我將海面聯想成一層薄膜，分隔我們在清醒夢境眼睛所見與眞正的存在。倘若視線停留在表面，底下的東西就無法進入我們的意識。

夢境透露出：我的挑戰是說服大家相信，肉眼所見，以及我們認爲堅實、固定且明確的，其實只是看事物的一種方式，充其量只是局部的視野。幸好我有科學支持的證據。粒子物理學顯示我們的感官會嚴重限制肉眼所見：例如：若我們特寫皮膚表面，並放大到極大的倍數，便會發現肉眼清晰可見的明確界線其實一點也不明確。

「生活不用大」網站上有一段很棒的影片《十次方》（*Powers of Ten*）。特寫鏡頭拍攝的視野以數量級（orders of magnitude）遞減，帶我們從距地球約一千萬光年的銀河，看到佛羅里達州塔拉赫西（Tallahassee）一片橡樹葉中的電子。這是從巨大的一端到極小一端的絕妙旅程，能讓你了解現在看似龐然大物，在另一個眼界看來可能只是一條小縫。

這不代表我們每日所見都是假象，而是不完整。我們極有效率地學會將目光瞄準外在環境——所有構成我們世界的人、地、物。因此大多數的人認爲世界在「外頭」，它會影響我們，我們則做出反應。主體「我」和客體「它」或外在世界之間有一道鴻溝，事實上我們對自己天生獨立的看法只是個幻覺。從外太空看，每個人都只是地球表面的一部分，就如同橡樹葉表面的一個細胞。每當科學家以爲觸及宇宙最外層或最內層的界線，卻赫然發現天外有天，彷彿觀者只要稍微移動角度，不規則的碎片圖案就不斷湧現。

再回頭來看我的夢，你或許能開始了解爲何這個夢對我的難題提供了妙喻。我希望弟妹能看穿海平面，意思是：我希望旅伴——包括身爲讀者的你，以及我自己的男性和女性面向，能穿透事物表象，看清眼前潛藏著什麼。鯨魚比喻更高的意識和更旺盛的活力。鯨魚體型巨大，而且從左邊游到右邊，就像我們閱讀西文時由左至右讀，意味著：藉由看穿表象，我們更加清楚自己該如何融入整個世界；而隨著我們學習將自己的生活「讀成」這個數量等級中不可或缺的部分，一切事物的活力都向上提升。

除此之外，我們還在爬山，並以令人張惶失措卻又振奮的速度俯瞰現實的新視野。我們快速移動，但並非所有人都能看穿表象。夢境暗指：自認知道表象之下有什麼的人，可能無法察覺新浮現的奇觀和活力；而能接受表象下藏有另類觀點的人，可能看得到能改變一生的事物。顯然，這些觀察指的是我的某些面向，但它們也直接指向新藍圖能夠揭露的新向度。夢境就是這樣提供深入見解，我要做的只是詢問如何加以描述。

看穿障礙

或許你偶爾會做深奧的夢，令你印象格外深刻。倘若仔細研究這些夢，它們幾乎都能成爲活生生的東西，改變接下來的幾個月，甚至幾年。做了這樣的夢時，你會知道。

彷彿內在智慧透過夢中影像直接與你對話，這些景象通常會特別明亮。你無法刻意做這種夢，一旦遇上，務必留意，它會爲你的生命帶來想像不到的大禮。

我做過最深奧的夢之一，出現在我開始記錄和探索夢境，以及沉思某些人生大問後不久。那個夢讓我發現：我們睡著時造訪的國度和清醒時刻居住的世界之間的關聯，遠比我的想像來得大。夢境中有一幅景象非常震撼，致使我**必須**在醒來後將它畫下來。我和一群人走向一輪巨大的月亮，月亮表面約有三分之一被陰影遮住。身旁陡坡上的樹林，隔開了我們行走的道路和下方的原始河流。有數條小路通往河流。我和旅伴不停討論走哪一條路最好，但我非常確切地**知道**，走哪一條並不重要，重要的是在抵達河流前必須堅持走**那條路**到底。那麼大、那麼明亮的月亮，傳達出非常有力的感覺。那不是平常的皎潔明月，簡直是粉紅色的、帶有珍珠般的光澤。

雖然我能用本章結尾的練習探索對夢境意象的聯想，我仍覺得應該有更深層且需要記得的意義。於是做了這個夢的三、四天後，我將那幅景象畫在紙上。我仍然記得岩石表面的每一條裂縫，以及每一棵樹、每根樹幹的位置。畫完後，內心某個部分得到滿足，我也可以將夢暫放一邊。當時我不是很了解這個夢代表什麼，我認爲得花點時間讓它自

行揭開謎底，緊迫相逼無法汲取更多意義。但我感覺到這個夢開始在我的生命中占有一席之地，也有預感這一切才剛開始。

幾個星期後，弟弟打電話來。他要搬去洛杉磯附近的托潘加峽谷（Topanga Canyon）住，他知道我很喜歡那裡，因此問我感恩節想不想去他家。我接受了他的邀約，兩週後我就徜徉在當地的自然美景之中。抵達的那天早上，我們去散步，途中弟弟告訴我當天晚上將有月全蝕，而我們要去的地方正好能清楚看到。

正當他這麼說時，我們繞過狹窄小徑上的某個角落，我突然目瞪口呆地停下腳步——我們走進了一個月前我夢境中的場景，樹木、河谷和岩石表面，無一遺漏。我從沒遇過這種事，因而無比震驚。我知道自己絕對無法了解發生了什麼事，但就是發生了。這種事唯有發生在自己身上，你才會相信。然而一旦發生，你必須承認自己眞的不懂宇宙是怎麼運作的。我記得當時心想：「好，我注意到你了，我正在傾聽。那現在呢？」

夢中的月亮景象突然浮現腦海，如今我能看到做夢當時沒發現的關聯：局部遮住月亮的陰影暗指即將來臨的月蝕。弟弟和我決定當晚回到同一個地點觀看這場天文盛事。我們舒適地坐在露出地表的岩脈上，從頭到尾觀看了整場月全蝕。之前我從未看過月全蝕，直到陰影完全遮住月球，我才看到夢境的最後一項暗示。當月球完全被地球的陰影遮住，並不會如我們想像地消失——而是變成一顆美麗至極的粉紅珍珠。現實生活中的全蝕之月，完全複製了夢中月亮的光影特質。

我心中充滿敬畏。彷彿某種神奇的事物正在面前呈現，而這件事的發生，連結了夜夢和清醒時的現實，幽微地指出：宇宙神祕的運作方式，我要學的還很多。宇宙也強烈地暗示我：月亮、原始河流，乃至這段旅程，這些意象包含的意義不是當時的我所能察覺的。接下來的幾年，藉由在日常生活中注意這三個意象，我對於覺知什麼才是眞實存在的過程，有了深刻的體會。

如今，當我用這個夢說明睡夢和白日夢都是同一趟旅程的一部分，對所有同在這路上旅行的人都別具意義。我把月亮聯想成天體、地球和人體的各個循環週期，掌管了我們的生活，但我們並不了解它們如何運作；將原始河流聯想成知會人生旅程的智慧源頭，也是人類的源流；將這段旅程聯想成我們各自和集體追尋自己眞正本質的冒險，其實這正是引發月亮之夢的人生大問之一。依據夢的解釋，問題的答案是我們同時源自於天體（月亮）和地球（原始河流）。而就像夢境所明確指陳的，走哪一條路並不重要，重要的是堅持到底。了解自己的旅程是一條道路，用人生的情節加以定義，但我們即將探索的路既神聖又深奧，並非只是要讓你不知不覺地走在上頭。

藉由不斷傾聽夢境，並將每起事件和表象視爲線索，試著解開你最感興趣的問題，你想了解的事物將揭開面紗，就如同這個夢一直爲我所做的事。讓你覺醒的事物可能和我所描述的經歷迥然不同，但關鍵在於你關注、傾聽和活出問題的意願。最重要的是隨時留意各種可能性，就像這一章開頭引言所說的：「這絕對跟我們原先想像的不一樣！」

練習

探索夢想世界

研究夢的方式林林總總，而且沒有對錯可言。神奇之處在於：一旦開始研究夢，它會引領你接觸最適合你的素材和方式。我們經常爲了找出正確的工具和「最佳」選擇而焦慮不已，以致怎麼也開始不了。因此，讓我們以簡單的方式開頭，只要在床頭邊放上紙筆，並且在睡覺前告訴自己要記住夢境。早上醒來後安靜地躺著，不要刻意強迫自己，看看夢境是否會浮現。

什麼都別忽視，全寫下來，而且不要修飾。剛醒來時覺得不重要的事物，稍後再檢視，價值可能就會浮現。記住：除了寫下景象和情節（如果有的話），還要記錄夢境的情緒和特質。當時你是害怕、興奮、著迷，還是失落？你覺得自己全神投入，還是比較像漠然的旁觀者？你記得夢中的任何顏色、聲音或光影特質嗎？

我發現，最好不要馬上解讀記下來的夢。這過程需要時間和思考，剛醒來時常常得思考當天整日的行程，容易匆促行事，因此很難得到有意義的見解。我的做法是下班回家後，騰出時間探索前一晚印象特別深刻的夢。

下一步，是擴展夢中的意象。首先，重讀一遍夢境紀錄，將重要特點如人物、地點、事件、物體、感覺和特性等，畫上底線或其他記號。接著，逐一檢視畫了線的字詞，找出你的聯想。舉例來說，倘若你朋友潘妮洛普出現在夢中，寫下所有你能想到和潘妮洛普有關的聯想。對你來說，她代表什麼？你會如何形容她的個性？你認爲她總是熱心助人，可能還過了頭？若是如此，記下這一點，因爲你的夢正用這個特點幫助你了解自己。倘若夢境場景在你的高中體育館，檢視你對那個地點的聯想。也許那裡曾經發生令你開心的事？高中畢業典禮在體育館舉行，或者你在裡頭贏過多場籃球賽？還是你聯想到自己對體育不太在行，因而覺得丟臉？

找出所有聯想後，現在將它們拼湊起來，以挖掘夢境潛藏的見解和意義。舉例來說，潘妮洛普在夢中伸手扶著你，試著幫助你在平衡木上走得更好，但你卻對她的協助感到沮喪，希望她讓你自個兒來。那麼，這個夢境可能點出了你拒絕讓自己保持平衡的內在支持力，應該檢視你是否正抗拒著日常生活中的某項協助。倘若如此，要進一步檢視原因爲何。

如我們所見，從夢境推論而來的意義並非死板板的，沒有任何答案是絕對的。意義總是有好幾層，通常在你研究一個夢幾天或幾週後，深入的見解仍會持續湧現。聽起來或許令人沮喪，但是若能以「活出問題」代替「堅持找到答案」，就能進一步了解自己的內心世界。這些拓展夢境的舉動，將能引發更多夢來闡明你已經確認的動力——這些夢通常具備新的意象，讓你對當時正在處理的事有更精確的了解。

原則

反射面

有一種方式，可以讓光線在穿透窗戶或天窗進入一個空間時，利用相鄰的表面反射，使房間浸淫在間接光中。這不僅使得空間更令人愉快，也更充分地利用射入的光線。

反之，若將窗口安排在牆面中央，或將天窗裝在天花板中心，就只會看到一束光，空間中的明暗反差也會變得較大。由於明暗對比強烈，當你與光源拉開距離，就不易看得清楚。

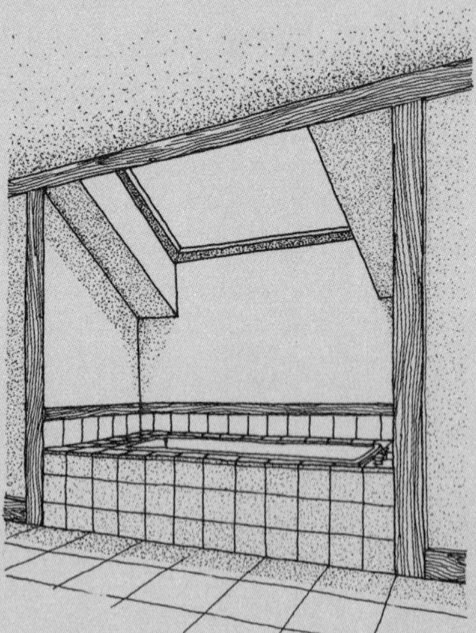

同樣地，生活中的各種經驗都像一扇窗，能夠反射你內在世界的光。生活諸事就像是一棟房子的牆壁與天花板，倘若能善加利用，處事經驗會讓我們更加看清自己。爲達此目的，我們與所經驗的事物之間，必須有正確的定位與關係。就像安排窗戶或天窗一樣，我們必須認清內在怎麼反射事物的經驗，並了解如何定位自己，以便盡可能讓人生經驗進入生活。

鏡子是極佳的反射面，愈是乾淨、完整，愈能夠反射鏡前的物體。在這一章的開始，我會先引導你找出生活中潛在的反射面，然後讓你把它們擦亮，眞正顯露出你內在的景觀。

6 學會看穿障礙

我們既是鏡子，也是鏡中的臉孔。
此刻我們正在品嘗永恆的滋味。
我們是痛苦，也是治癒痛苦的良藥。
我們是冰冷、甜美的水，也是倒出水的罐子。

——魯米

一切都是反射

人們常形容房子反映也象徵其居住者的特質。翻修房屋的主要動機，通常是因為費盡苦心，房子依舊無法反映住者的特質與感受。透過改造，他們希望讓房子與自認的本質匹配，並滿足他們在房子功能上與美學上的渴望。

著手實施「生活不用大」的計畫時，接下來這個步驟極為重要。你必須看穿阻攔改變的表面問題與障礙，否則努力重建的結果不會如你所願。光是移動家具還不夠，這招我想大多數的人都試過了。若想讓自己的生活與內在獲致和諧，就必須看清阻擋目標的障礙在哪兒。閱讀房屋的平面圖會給你更高層次的抽象視野，閱讀生活則會揭露自身本質的新向度，進而讓改造生活更令人振奮，也更容易執行。

祕訣在於：把你對夢的理解應用到清醒的生活中。把夢境的各部分當作自身的一個面向來檢視，極具啓發性；而分析每日生活的內容也會有同樣的效果。但是，光是看到鯨魚，也就是「表面之下更巨大的意識與生命力」還不夠；現在，你必須把靠近鯨魚的經驗融入清醒時刻，生活才能更為覺醒。要達到目的，你不必改變外在的世界，只需要以不同的方式存在其中。你必須同時是參與者與旁觀者。

生活很像一部個人電影——我們是電影中的主角，個人對世界的觀點像是攝影機的焦點，透過鏡頭經驗現實。想想生活中的某起事件，也就是個人電影中的某個場景，你會發現：即便事件本身完全相同，別人透過**他們的**鏡頭，在他們的電影裡看這件事，結果會非常不同。這是因爲你生活中的各個場景，都被文化與個人的制約模式染了色。

在理想的世界中，絕大多數的人會想要經營自己的個人電影，盡可能經歷最美好的體驗——不是步調緊湊的繁忙生活，而是最具有價值與意義的生活。但是，如何才能做到呢？有個方法。只要把我們攝影機的鏡頭擦乾淨，故事中許多令人沮喪的老套情節就會起變化，並逐漸消失。持續擦亮鏡頭，一切將會顯得更有活力與生命力，因爲能反映出更多眼前的事物。聽我這麼說，你可能有股衝動想要馬上擦亮鏡頭，爲自己拍一部新電影。但在此之前，我們得先學會電影製作的基本技巧。

要製作一部令人信服的電影，就必須讓觀眾完全融入角色的處境。看電影時，我們願意放下懷疑，把故事當作眞實事件。但如果導演本人也對自己的影片著了魔，就會深陷其中，完全喪失琢磨故事情節的能力。

這就是我們參與自己的電影與白日夢時會遭遇的問題。我們完全相信，以致無法從故事情節中跳脫，進一步制定故事的方向。要能掌控故事走向，就得學會保持客觀，學會怎麼看清眼前的現實，而不是老看到在濾鏡與制約模式下的結果。

或許有時你會納悶，不管再怎麼努力，生活情節總是一成不變。這是因為你沒有眞正了解自己的制約模式，無法代謝它所提供的食物，整合到生活中，便無法跳脫。然而一旦辦到，事情確實會改變。意識——亦即「集體生活的總和」，遠比我們相信的更具流動性與可塑性，而大多數人都不知道。讓我來舉個例子。

我以前有個客戶叫露西，多年來她的生活情節始終令我費解。她的日子總是一團糟，不斷遭遇障礙，暈頭轉向。她經常前一天還心滿意足，隔一天又被嚴重的混亂所擊潰。我一直無法確定是什麼原因造成這極端的狀況。幾年前，她決定拋下在故鄉南達科塔州的一切，搬到北卡羅萊納。此舉是爲了將她所有的麻煩拋諸腦後：執拗的老闆、老舊的公寓，以及忍受了十五年之久的冬天。相形之下，她覺得北卡羅萊納好似天堂。

搬來北卡後，她才發現不是這麼回事。她遇到的麻煩不盡相同，但似乎很類似。別人答應她的工作還沒開始就胎死腹中，之後找其他工作也很不順利。露西原本打算買間新房子，於是暫時找個地方落腳；那地方蟑螂肆虐，排水系統經常故障，屋子裡充滿了難聞的氣味。無奈因收入減少，暫居處後來成了永久住所。

最後，她在專精的領域找到了適合的工作，但工作時間極不符合她的期望：在夜晚與週末工作。她終究還是接受了。結果，工作時間後來卻成爲所有麻煩中最微不足道的一項。她原本以爲有了這份工作後，生活會穩定下來，不料工作本身不斷出現變數。先是公司要求她延長工時，之後她的上司升官了，新上司是個怪咖。至此你們應該能想像大致的狀況了。生活絕對**無法**事事如意，她在美國中西部經歷的許多挫折，在南方重演。這齣新電影看起來與舊電影非常類似，爲什麼呢？露西展開新生活了，不是嗎？事情理應有所改變才對。但是並沒有，那是因爲她不了解自己混亂生活的源頭。

有一日，我和她談起她近期的災難，意外發現了問題的根源。她曾提到自己一天只睡四、五個小時，我以爲只是偶一爲之。但是某天她又聊到自己的睡眠狀況，於是我問她，這種睡眠不足的情形多久出現一次。她的回答令我震驚：「你說睡眠不足是什麼意思？我長大成人後，每天晚上多半只睡四、五個鐘頭。大家不都是這樣嗎？」原來如此！我們找到亂源了！

露西花了一陣子才了解到，睡眠時間這麼短，正是造成她生活混亂的原因。沒有充足的睡眠，身體會一直處於緊繃狀態，你經歷的世界就會嚴重失調。對此我有親身經驗，因爲幾年前我經歷了一段失眠期，愈是睡眠不足，就愈無法認淸自己。那時我常過度情緒化，工作也難有效率，因爲大腦無法正常運作。我經常感到恐懼，擔心自己再也無法恢復長久自恃的精力與平衡，因此無法闖出一片天。最令我困擾的是，失眠時時間的運作方式，與睡眠充足時迥然不同。睡眠充足時我身體健康，而且精神抖擻；失眠則讓我屢屢喪失判斷力，無法分辨什麼才是重要的，也無法做出正確的決定。總之，狀態相當可怕。

那天，我了解到這是露西的常態。由於長期睡眠不足，她已經忘記平衡是什麼感覺了。她的潛藏觀念認爲：睡眠很奢侈，優秀勤奮的人不應該睡得太多。這種看法是從她母親身上學來的；母親在她年幼時就過世了，她很崇拜母親，而本身就活在嚴重混亂狀態中的母親，代表了露西生活中所有美好的事物。現在，露西經歷了同樣的混亂，而這，都得歸咎於睡眠不足。

露西「視睡眠爲放縱」的觀念，形成了一種制約模式，抑制了身體想要休息的自然欲望，因此她經常處於恐慌狀態，生存系統極度消耗。而住居和工作條件的惡化，正是其生活狀態的寫照。在她學會質疑自己睡眠觀念的不合理、並想出對策拒斥這觀念之前，我知道，她的個人電影將在相同主題下進行變奏——因爲故事情節會完全反映電影製作人的精神、心理與身體狀況。

雖然露西過去的自然反應會抗拒改變，但令人高興的是，藉由些許的鼓勵，並專注於內在工作，露西學會了規範自己每天晚上在適當時間上床睡覺，睡到指定的時間才起床。藉此，她適應了新的睡眠習慣，從而賦予生活一種自然的節奏與秩序。事情不再總是分崩離析：現在，她有一份穩定的工作、一位賞識她的老闆，財務狀況也逐漸改善。在她了解眞正的問題出於自身潛藏的觀念後，一切才開始往正面發展。

電影不過是你內心世界的反射，唯有改變自己，你的電影才會改觀。而爲了改變電影，你必須學會認淸並挑戰自身所有的潛藏觀念、行爲模式與制約——你的行事與反應，都根源於此。問題不在電影製作，但若信以爲故事是自身全部的本質，你永遠都會像是個劇中人物，情緒會使你一直認同自己扮演的角色。

請記住，擦得光亮的鏡頭，才能夠客觀反映出導演看見的東西。所以，你得不斷擦拭鏡頭，才能逐漸與自身電影的情節切割。倘若學會觀看與聆聽，日常經驗將會提供線索將你喚醒。所有徵兆都在眼前，但你若堅持將你對外在世界的觀念與自身完全分離，就無法辨識出來。

世界存於你心

東方聖賢有一句格言，如果你能當作人生座右銘，人生絕對會改變：

世界不在外頭；世界存於你心。

翻譯：雖然世界的力量似乎是強加在你身上，毫不尊重你的意願，事實上我們發現，世界僅僅是將**你自己**反射回你身上。最令我們身心衰弱的觀念，我們通常看不見，卻讓世界看似以最痛苦的方式運行。要是沒有來自自身以外的指導，我們很難做到重建平衡所需的改變，因爲根本不知道自己有這些觀念。

電影《夢幻成眞》（*Field of Dreams*）中有一句令人難忘的台詞：「如果你建造（球場），他就會來。」若要將這句台詞應用到生活中，可以改寫爲：「只要你相信，事情就會成眞。」一切就是這麼運作的——相信一件事，你的電影就會改變以反映這個想法。這是意識本身最令人震撼的特質之一。一旦你開始觀察自己與朋友的生活，就會發現它無所不在。

幾年前，我開始了解自己的一項潛藏觀念，那時才驚訝地發現一個可以解釋「世界存於我心」的例子。當時我與同事茱莉亞的關係陷入膠著，情況看似無解，令我深感不安。多年來她一直是我的好友，我非常欣賞她的創意，也希望盡我所能支持她。我們合作過許多案子，合作成果總是比各自單打獨鬥的結果更為出色。

但是，我們的關係漸漸生變。在某些我擔任主設計師的案子中，茱莉亞批評我沒有表彰其他人的貢獻。接著，在她的案子中，她認為我搶走她應得的功勞。這讓我深感苦惱，因為我們的事務所以「論功行賞分明」自豪。合夥人總是鼓勵建築師，說明案子時把自己放第一、將公司放第二；這在建築業中是創舉，我和合夥人都很珍惜這項價值。我們相信：只要容許人們發揮創意，而創意也受到認可，他們就會很快樂、有生產力，並且得到滿足。聽起來很棒吧！但至少對我而言，這底下隱藏了一個觀念，而我在很久之後才察覺到。那就是隨時得讓所有人感到快樂和滿足。

我要深入說明這則故事，讓讀者親身了解潛藏觀念如何運作，以及如何提供完美的條件，讓我們認清自己。我對正面衝突的畏懼，要追溯到童年時期。這畏懼意味著：在生活中創造人們不會生氣的環境非常重要，特別是不會對**我**生氣的環境。若我對同事始終很支持，並且努力確保環境令人滿意，他們就不能挑我的毛病。表面看來，計畫萬無一失，但沒有考慮到茱莉亞的制約模式，也就是尋找不公平、注意別具用心的動機。因此，每當看到我做一些自我犧牲或利他的事情時，她就愈發擔心，確信我別有用心。事實如此，但不是她想的那樣。我努力維持和平與和諧是爲了保護自己，無意破壞什麼。結果是：兩種制約模式合在一起，完美地讓我看到**我自己**的本質。

不過，我花了很長一段時間才了解這件事，而且過程相當痛苦。至少有一年、甚至更長的時間，我只看到茱莉亞誤解我。我盡最大的努力向她證明，我是值得信賴的，還煞費苦心地照顧她與她工作上的任何需要。一些通常自行處理的事情，我會徵求她的意見。此外，我謹慎地給她應得的肯定，希望能讓事態好轉。但是毫不令人意外地，在茱莉亞看來，我的關心與注意力更證明了我有所隱瞞。每當我試圖表達關切，事情似乎就變得更糟；我一直無法理解原因何在。

之後，一位擔任管理顧問的朋友提議爲茱莉亞和我安排協調會，希望能解決問題。茱莉亞和我都同意了。那時我實在非常痛苦，只希望困擾就此解決。我知道自己個性和善，因此確信只要茱莉亞和我能理性溝通，我們就可以拋開這些愚蠢的事，讓兩人的工作與生活恢復正常。她一定很快就能了解，我是個值得信賴的人。

值得注意的是：當時，一切都是「別人」的問題。我心想：「茱莉亞只是不了解我。」但別忘了，這是**我的**電影、**我的**生活。雖然當時我相信問題出在茱莉亞身上，而我只是無辜的旁觀者，但事實**絕非**如此。倘若你投入自己的情感，並且對生活中的某個人或某件事有所反應，世界就會把你反映回你身上。這個「場景」出現在你的電影裡，是要讓你更了解自己。這與**他人**對你有什麼反應毫不相干；他們的反應是**他們的**電影。決定怎麼做，他們得自行處理，與你無關。你該做的，是了解爲何這個場景會出現在**你的**電影裡。

在協調會中，顧問請茱莉亞告訴我，她對我有什麼看法、還有她爲什麼不信任我的意圖。我已經完全不記得茱莉亞當時說了什麼，只記得發現她的感受有多麼強烈時，彷佛世界末日臨頭。我納悶：「我怎麼可能跨越這道鴻溝？」當顧問問我是否想要回應，我搖頭，啞口無言。我深怕會令事情變得更糟，只是沉默地坐著，渴望茱莉亞能夠了解我有多關心她。

有人在我面前發怒時，這就是我的標準反應。我**知道**有人動怒時應該保持沉默，直到他們平靜下來時再開口，比較安全。這是我最深層的潛藏觀念之一。制約模式與我不同的人可能會想：「太扯了！不講話怎能解決紛爭？」但我當時完全不了解這一點。我的宇宙存在一種絕對觀：只要有人生氣，就別說話。在這種情況下表達自己的想法和感受很危險。

會談結束後，顧問問我爲什麼不替自己辯解。她問我是否知道，保持沉默很可能正好坐實了茱莉亞認爲我別有用心、不可信任的看法。但是那一刻我不太能思考或感受任何事，正經歷非常深沉的痛苦。那時我仍不明白，問題並非出在茱莉亞身上。期待問題透過茱莉亞恍然大悟而獲得解決，就像期待夜夢中的角色爲你解讀夢的意義。我的重點不是協助她解決**她的**問題，而是要找出**我自己**融入世界的障礙。而這些障礙與特定處境沒什麼關係，處境只是要揭露潛藏於制約模式下的動力。

換句話說，這一切都跟你自己有關。世界不在外面；世界存於你心，就像夜晚做的夢存於你心一樣。這不表示「肉身」周遭不存在眞實的人、地、物，但是，你賦予外界大小事情的意義，僅僅存在於你的生活中。要改變故事的情節，你得先看到事件內容底下的動力。

要達到目的，你必須願意且能夠客觀看待事件內容，並排除一切的防衛心與自以爲是。這不容易。我們一生都被教導要保護與捍衛自己的思想、感情和經驗，並毫不質疑地相信那就是我們的本質。制約模式的零碎片段阻礙我們看清眞正的事態，除非冷靜觀察，否則無法消化這些片段。一旦你眞的看到，並以不同方式投入那些動力之中，一切就會輕而易舉地改變，因爲生活會拋棄過去的濾鏡，反映出全新的你。

看到我與茱莉亞互動背後的潛藏觀念時，我的生活經驗起了重大的變化。原來我不是只有跟茱莉亞相處時才「不爲自己辯駁」。這輩子有好幾次，我都沒有在第一時間說出該說的話，只因認爲這麼做會更加惹惱別人。難怪我一直覺得鬱悶；我的生活嚴重卡住。

發生這些事的時候，我正開始上一位精神導師艾爾的課，他很快便發現我這層苦惱的本質——因爲恐懼而無法對人暢所欲言。爲了喚起這種恐懼，他扮演起暴怒的戰士。他捲起一條毛巾，指示我緊握一端，他則握住另一端。接著他開始使勁拉扯毛巾，我得把抓毛巾的手緊靠在肚子上才不致鬆手。進行拔河時，他開始奚落我，並且用各種驚人而可怕的方式激怒我，過了二十分鐘，我竟然因恐懼而顫抖。但是我仍然不發一語，壓根兒沒想到要說話。我太害怕了，而我的制約模式依然屹立不搖，並且確切地指示我：說話並非安全的做法。

如果是日常生活中的對立，通常這時也就平息下來了；但是艾爾還沒罷手。他接著嘲笑我拒絕開口回應。他逼迫我堅持立場、爲自己爭辯，並說出內心的想法。我知道自己應該怎麼做，但就是做不到。即使我知道眼前的狀況是模擬的，不過是要喚起我的恐懼，但還是覺得太危險。對峙了四十五分鐘後，我終於崩潰了。我感到一股憤慨，一股被恐懼壓抑的暴怒，嘴裡吐出一連串的粗話，還不知打哪兒來的力氣，差點把老師拉倒。之後我像是獲得了解放，一陣愉悅。老師要我一次又一次地重複最主要、最憤怒的宣言（「打了馬賽克」之後的版本是：「我氣得要命，再也受不了了！」），好完全感受自己壓抑那麼久的憤怒。這只能用一句話形容：**太棒了**。他剛進行了一場驚人的心理灌腸，我突然了解到面臨衝突時應該如何利用言語的能量。

此後，我不再緘默。我突然能夠說出必要的話，清除生活中的各種障礙。這不是經過設計或規畫的，我只是說出當下浮現腦海的話，不受制約模式的過濾或阻擋。

這聽起來未免太容易了！但確實如此。暢所欲言對我再也不是問題，也不再引發我內在的反應。甚至不會挾帶憤怒，就只是說出來而已。這就表示你已充分了解產生制約模式的潛藏觀念，不僅僅是大腦明白，而是透徹地了解。緘默反應就此落幕。

毫無疑問，正是我「努力想解決問題，爲茱莉亞改善某些狀況」，導致她對我心生懷疑。這項行爲在本質上並不**眞實**。我沒有告訴茱莉亞，遭到誤解令我沮喪不已，也很害怕事態可能會改變——我沒有告訴她內心眞正的想法，反而假裝一切都很好。也就是說，我的行爲絕大部分並非眞的出於關心她，而是爲了保護自己免於陷入衝突。這是個手段，敏感的茱莉亞注意到了。然而，她對這個手段的解讀，源自於**她的**潛藏觀念和**她的**制約模式。那是她自己生活中的問題，由不得我來操心。改變她不是我的事。事實上，我絕對不可能改變她。我唯一能改變的是自己，而當我這麼做，整個世界也會跟著改變，只因現在它反射出全新的我，而不是過去的我。

換你了

看了我處理與改變自己制約模式的經驗，你可能想知道，該如何在自己的生活中建立相同的情境。以下幾個方式能創造環境，讓你理解你的制約模式，進而加以改變。

1. 當你陷入通常會引起恐懼或憤怒的處境時，請仔細觀察自己。
2. 當你正在經驗恐懼或憤怒時，看看自己能否找到背後的潛藏觀念。在這種情形下，潛藏觀念往往顯而易見。
3. 辨認這些觀念的同時，容許自己徹底感受精神、情感或身體上出現的任何狀況，並持續注意「反應只不過是制約模式的產物，而不是真實」。

透過這個方式，你就可以保持客觀地體驗自己的自然反應，讓你有機會克服最初製造出潛藏觀念的障礙。採用這種方法，協助你拒斥潛藏觀念的環境就會自動出現，你就能跳脫想要揚棄的制約模式所帶來的限制。

看起來似乎非常容易。看出制約模式在別人的故事中如何運作（也就是看出狀況是怎麼失衡、爲何失衡），總是比看清自己的狀況來得容易。但就如茱莉亞的故事所明白揭示的，看見、了解別人的制約模式沒有多大用處，因爲那不是你的問題，不會引發你強烈的情緒反應。但是，倘若你想從自己的窠臼中解放，發現與了解自己的潛藏觀念才是重點。要改變生活品質與性格，那是唯一的途徑，無法寄望上天恩賜。

你才是最重要的

之所以巨細靡遺地描述剛才的情況，是因爲在那一刻我體會到老師鍾愛的一句話：「你才是最重要的。」你在夢想中扮演各種角色，生活完全由你自己體驗，而且能展露眞正的你。與此同時，全人類都有自己經驗的角度，全都以自己的版本參與所謂的世界。

每當我深思這項想法，常把人類想像成一隻昆蟲的複眼。節肢動物的眼睛由數千個鏡頭組成，一同將周遭現實的各個角度傳到腦中。每個人就像是其中的一個鏡頭，各自從定點全神體驗四周的環境。周遭的現實並無二致，但每個人都自有獨一無二的觀點，因此創造出迥然相異的生活經驗、截然不同的夢想。沒有哪個觀點比較正確，所有觀點都是獨特而平等的，集體構成了人類可能體驗到的完整面向。我們可能認爲某些鏡頭的觀點令人驚奇、敬仰、懼怕或者覺得惡劣，但是要成就完整的面向，各種觀點缺一不可。

我們很難接受這個觀念，因爲打從一出生，我們就被教導要「分辨是非善惡」。世界因此很快分成對立的兩極，接著，我們將這樣的觀念內化。大多數的人傾向認同光的力量——即所謂「良好、文明世界的所有正面特性」。但只要生活在這二元的宇宙中，永遠有黑暗的「另一邊」。

爲了保持客觀，我們必須在看到任何事物兩極的同時，先別立即判斷孰對孰錯。這似乎很困難，但若想解決自己與周遭世界的傷痛及苦難，就必須接受我們有可能看不清楚、有些濾鏡橫在眼前的事實。

學會眞正客觀地觀察現實後，開始體會到：已然發生的一切，無論好、壞或不好不壞，都不過是我們集體做夢的活動。那只是意識的動力，目的是要讓個人渺小的主觀自我，更能體驗周遭的全貌與未經過濾的現實。重點不在發展對某種存在或經驗的偏好，只是融入生活中的每一項經驗和事件，無論好或壞、快樂或悲傷，都當作深入了解自己的機會。

眞正的生活發生在體驗過程本身，剩下的都是回憶與猜測。若要全心體驗生活，只需記住「**你才是最重要的**」，透過**你的**鏡頭觀看，透過你體驗生活的角度觀看，並學會客觀檢視未經過濾而存在的眞相。這才是眞正的**現實**，有了第一手經驗後，你就會明確了解現實的活力、生命力，知道現實是充滿意義的。

進行雙重任務

但是，要如何達成這個目標呢？生活丟給你各種挑戰，置身其中，該如何學會保持客觀的技巧呢？解決之道是培養內在的「觀察員」，負責記錄你對日常大小事的反應，就像實驗室研究員觀察黑猩猩的行為一樣。比方說，研究員可能會在筆記本上寫道：

> 餵食一小時後，蘿西（兩歲，雌性）攀爬到閣樓右上角，小睡了三十五分鐘。被哥哥蘭道（三歲，雄性）驚醒時，先是蜷縮到籠子角落附近，顯示牠很恐懼；之後，牠尖聲吱吱叫並猛烈搖頭，表現出憤怒。

請注意，不管蘿西是否有理由害怕，或有什麼事讓蘿西從恐懼轉為憤怒，這些觀察並未對事情發生的原因或孰對孰錯做任何假設。記錄就只是把發生的事寫下來，我們正需要這種技巧，以便更精確地認清自己的行為。

不做任何評斷，單純記錄行為本身。一旦做了評斷與決定，就變成主觀行事，一定會被制約模式與相關的潛藏觀念影響。倘若不認眞看待這件事、不了解保持公正的重要性，你會發現倚賴制約模式運作的個性，可能會利用蒐集到的資料擊垮你的內在世界，或讓你成爲某種更崇高的生命形式，抑或兩者都會發生。千萬不要低估個性，個性是客觀的狡猾對手。

本章末尾的練習旨在協助讀者培養自己的「觀察員」。利用這技巧觀察自己時，你將進行雙重任務。一方面，你做著例行公事，完成任務，對一整天發生的事件給出慣常反應。另一方面，你觀察自己**如何**做那些事，以及其間發生什麼狀況。這是新藍圖最具價值的特色之一——讓你同時以兩種不同的角度觀看。

觀察自己一、兩週之後，你會開始注意到過去未曾察覺的模式。我舉一件自己觀察到的事：講電話講到不耐煩時，我就會把文件挪來移去。現在，當我發現自己在挪動文件、沒有專心講電話時，已經能自制，並將注意力集中在電話上。而我透過觀察得知：挪動文件的舉動是在暗示我，有些沒意識到的事需要我注意，所以電話一掛斷，我會檢視待辦事項清單，看看是否遺漏了什麼。

現在我懂得主動找出這些事，而不是讓它們偷偷地挨近，誘發我慣常的不耐煩，導致當天不管做什麼都欠缺效率。如此一來，我能專注講電話，也更能專注處理之後的事。觀察，讓我得以搶在制約模式的反射動作之前。

你所相信的，並非全然正確

只要眞正學會冷靜觀察，你可能會發現某些行爲與過去對自己的認知相抵觸。我舉個例子。約瑟芬是我大學時就認識的朋友，過去她總是膽怯猶豫，讓人感覺她自認能力不足、不可靠。她會說「我可能做不來」，或是「我不確定能否及時完成，也許你可以找個動作比較快的人」。但是，眞正託付她責任，她往往表現得非常好；效率好而且可靠——與她對自己的看法相反。

約瑟芬進行觀察員練習時，她寫下發生的事，卻忘了記下自己對事情的反應。（請記住，注意、記錄反應不同於評斷。）有一次她告訴我，覺得自己的反應太大而且太醜惡。她記下一天當中的外部事件，但跳過自己的反應，也就是沾染她內在世界的密集內心對話。（這就像是研究人員記錄黑猩猩所有活動，卻略去牠一天中所發出的許多聲音。）在約瑟芬寫下自己的想法前，她的潛藏觀念鮮少顯露。只有當她容許內在觀察員看見並記錄內在的自我貶抑時，才能看到幾十年來令她身心俱疲的模式。

她在早期的記錄中寫道：「去了雜貨店，意外撞到一名婦女的推車，引發一連串自我批評。覺得那名婦女也認爲我笨手笨腳的。」這至少是個開始，但並未透露太多訊息——只提到她內心出現一些指責，以及她相信周遭的人在評斷她。之後，她開始寫下更多自我批評：「帶女兒去學校，看著自己開始感到內疚。校長在外頭四處走動，顯然正在找人。我當時出現一連串想法：『我做錯事了嗎？』『我遲到了？』『我搞砸了，對吧？』『她批評我身爲母親還用這麼爛的藉口。』『我這個母親糟透了，怎麼可以遲到？』還有『我真的麻煩大了，對吧？』校長進去後，我注意到沒人提及我遲到的事。仍確信她在批評我，確信稍後我就會聽到。許多母親剛送孩子到學校，我擁抱女兒道別，並且快步離開，以免被逮個正著，遭到指責。我心裡想：『也該指責她們才對！但是校長沒看到她們，所以全怪到我頭上。』」

過了一陣子，約瑟芬能夠體驗到這種處境所帶來的恐懼，也能觀察自己產生的恐懼反應。她得以繼續觀察潛藏觀念造成的恐懼，並看到說她又蠢又笨的人，其實都是自己。比方說，她能看清校長的行爲與她毫無關係，得歸功於她的觀察員。約瑟芬相信別人在評斷她，其實純屬幻想。經過一段時間後，這項練習讓她能看清事物，不再被內心的自我批評緊逼。她較能了解自己的想法並不代表她——其實她比自認的更有能力、更完整，也更具深度。

喘息空間

談到房屋設計時，我也會討論喘息空間的必要性。雖然「不用大」的房子看似沒有閒置空間，其實不然。我們得有些地方，來觀看屋子裡活動較頻繁的區域。喘息空間像是樓梯頂端的平台、一進房子大門的玄關，讓你先行一瞥即將進入的空間，讓你在進入前稍事歇息，知道自己身在何處。如果這樣的空間狹小壅塞，或沒有空間供你駐足片刻環顧四周，感覺會讓人罹患幽閉恐懼症，就像約瑟芬進行觀察員練習前的生活一樣。

在約瑟芬的例子中，她之所以認爲自己無能，是因爲童年時期父母對她要求很高；對他們而言，沒有什麼事是夠好、夠快或夠熟練的。因此早在約瑟芬四、五歲時，內心就老是有股父母的聲音，不管她想做什麼，這個聲音都會先打擊她；不知不覺中，她也將這些想像的批評投射到周遭的人身上。在善用觀察員之前，她以爲所有人的生活都跟她一樣，內心持續上演著沒完沒了的自我批判。雖然至今尚未完全擺脫這種模式，但大部分的時間她已經能記住，這些批評是自己強加在現實之上的濾鏡，並不是眞的。

約瑟芬還了解到，當自我批判愈大聲、愈強勢時，她就愈需要花時間重新取得平衡。若她安靜地坐上幾分鐘，調整自己的狀態，或是在感覺煩惱時去散散步，一切就會平靜下來。這就是喘息空間的效用。

還可以用另一種觀點看待這件事。如果你去過海洋世界，就知道觀賞殺人鯨表演時，坐在愈前面、愈低的座位（所謂的「濺溼席」），愈可能被濺得一身溼。較高、較遠的座位，則會看到完全不同的景象：在鯨魚從水中一躍而出之前，你可以看到牠在水面下游著；在地心引力將鯨魚拉回天然棲息環境之前，也可以看到牠巨大的身軀滯空的一瞬間；你還可以看到下方的觀眾亂成一團：驚聲尖叫、落荒而逃、皺起眉頭，並猛力甩掉身上的水。從上層座位可以觀察到整個過程——而且完全不會被濺溼。觀察員也能讓你做到這點。你先是觀察，然後了解事件發生的經過，但不會迷失在情緒反應中。

動用內在觀察員時，你彷彿分裂成兩個角色。一部分的你坐在濺溼席（姑且稱之爲A），正被躍入水中的鯨魚整得溼透。A正在體驗驚嚇、恐懼、挫折與濺溼的難受，但沒有做出平時的反應，也就是「從椅子上彈起來大聲吼叫」。與此同時，另一個部分的你B正坐在高處，俯瞰底下的觀眾。兩個部分的你在整個過程中不斷對話。偶爾B會問A：「你現在體驗到什麼？」A則神經緊繃，抑制著想要跳起來大吼的衝動，同時將所有想法與感受回報給B。水面回復平靜時，A發現自己安然無恙，只是全身溼答答。藉由B的協助，他建立不同於以往觀念的新反應模式。過去他認為安靜坐著、不做往常的反應（跳起來大聲吼叫），可能性命堪虞。就這樣，舊觀念逐漸失去影響力。

所以，發現自己身處人生的濺溼席時，讓你的觀察員前往更高的位置，花一點時間俯視，你將能看到更完整的景觀。制約模式就好比內心的一頭殺人鯨，被濺溼的經驗（連同情緒反應），只是鯨魚在你的生活中浮出水面時噴濺的水花所致。

切記，世界不會對你做這些事。這是**你的**表演，發生在**你的**劇場裡。一旦調整自己的狀態，比方說冷靜下來、放慢腳步，並前往更高的位置，你的生活也會跟著調整，因為生活總是一五一十地反映個人內在狀態。這並不表示生活會變得平淡無奇，而是表示你不會被生活諸事搞得心煩意亂，因為你能夠由上往下俯瞰，而不是一直被濺溼。

我最近發現一張賀卡上引用了一段非常棒的話：

平靜，不是指身處一個沒有噪音、麻煩或苦差事的地方，而是指處於這些事物當中但內心寧靜。

很簡單，卻也非常難懂，除非我們學會改變狀態，並且更融入自己所做的一切。

練習

培養觀察員

這項練習的目的，是要幫助你更客觀地觀察自己，不讓制約模式模糊了生活中正在發生的事。

前面我曾請你想像觀看黑猩猩與兄弟姊妹的互動，現在，請把這個技巧運用在自己身上。首先，挑選你一天中的一項例行活動，然後觀察活動過程。不要進行任何評判，只要默記浮現腦海的想法。要注意身體的感覺，以及你在活動中是否加快或放緩腳步。觀察你的情緒狀態，觀察員要觀察所有呈現的事物。選擇基本的例行活動，像是煮晚餐、準備上班、從朋友家開車回家。

當這項活動結束時，把發生的事情記錄下來，包括你能記得的所有想法。不要評論或分析。

現在你已準備好探索蒐集到的資料，看看資料透露出你有什麼樣的制約模式與潛藏觀念。

問題一：你的想法多還是少？想法之間是否有共同的主題？想法的開始與結束是否有模式可循？每個想法引發了什麼樣的情緒？

問題二：當你在進行這項例行活動時，身體有什麼感覺？你覺得放鬆還是緊張？疲倦還是精力充沛？你是否感到任何疼痛？如果是，那是習慣性抱怨，還是只在進行這項活動時才會出現？你還有其他身體反應嗎？

問題三：進行這項活動時，你感受到什麼樣的情緒？生氣還是快樂？無聊還是興奮？你希望自己在做別的事？還是希望這項活動進行得更快？做這件事的方式，令你內心騷動、引發自我評斷，還是教你沾沾自喜？

在不會引發太多情緒反應的例行活動中練習使用觀察員後，接下來試著在更困難的處境中運用這項技巧，像是感到沮喪或事情一團亂的時候。也許你要在公司裡做重要報告，但你很討厭公開發言。也許你得跟婆婆共進晚餐，但你和她處得並不好。你可以用同一套問題，但你將發現，回答變得更長。

暫時做到這裡就夠了——觀察是最重要的。做了一段時間之後，事情就會開始變化。你也將發現：透過較爲客觀的觀察員，在更具優勢的觀察點觀看，你可以在自己與慣常反應之間構築出一些空間，讓你了解你的反應並不代表**你**。你能夠從自身的反應中抽離，並且注意到：「我眞的很不高興。每當這種事發生，我總會有這樣的反應。」雖然看似微不足道，卻能帶來驚人的解放。過了一段時間，你會注意到自己神經質的習慣（比方說我會挪動文件），以及較少發生但更大的反應，像是暴怒或突然哭泣。這兩種行爲類型都是要告訴你，事件背後隱藏了潛藏觀念和正在運作的制約模式。

透過這項觀察的過程，你長久以來未曾察覺且駕馭著你的模式將變得明顯可見。一旦能加以認清，就可以訓練自己在過度反應前，先建立喘息空間並且暫停一下；你可以嘗試做不一樣的回應，並開始探索那些行爲模式的源頭。

再往下讀時，大家要謹記在心：我們的個性看到它的掌控權被挑戰時，很容易感受到威脅，會偷偷地使出一切手段，暗中破壞我們想更加認清自己的努力——如同我們在第四章提及的，個性雖然很迷人，卻是阻礙了解的障礙，而不是救星。個性爲了求生存，必須讓你持續相信潛藏觀念的正當性，所以隨時會放聲抗議。但是，倘若你繼續觀察而不是評估，個性就會黔驢技窮，靜默下來。

就是在這份靜默中，「不用大」的新鮮生活才可能出現，但不是靠你辦到的；當你學會別再擋路，生活狀況才會改變。建立客觀性是過程中的一大重點。觀察員是你的好伙伴，讓你看穿障礙，看到那個你知道一直存在，更平靜、更知足的自己。

原則

吸引人的光

《精心設計的住家》（*Home by Design*）一書具體呈現了「房子不用大」系列叢書中所有用到的詞彙，而當我需要舉例說明書中某項設計原則時，就會用「吸引人的光」，因爲簡單易懂、效果顯著。你或許聽過人們描述瀕死體驗，說死前會看到一道白光，但你可能不知道，這也描述了人類生理一種內建的制約反應，因此還活著就適用。事實上，人體在生物學上有趨光性，想要讓房間或走廊更吸引人，可以善加利用這一點。只要在走道或遠景盡頭安排一扇窗

戶，或是掛一幅畫作、打上燈光，就會吸引你。空間會因光源而活絡起來，益發朝氣蓬勃。

專心過生活也是如此。當你開始體驗到專注的時刻，其結果非常類似對走廊盡頭明亮窗戶的反應；少了這扇窗，走廊會失色不少。你會突然感到更有生命力，而且想專注於體會當下。當你更善於開啓通往「即時」的大門，並全神貫注於手上的事，就會了解自己能專注做所有的事。

開始意識到「專注」的引人之處後，看看每天進出的空間中，哪裡最令你感受到活力，你很可能會發現這些地方都運用了「吸引人的光」原則。當你愈加了解專注的本質，它會以同樣的力量影響你的經驗，並讓你對生活有全新的感受，就如同從窗戶湧進來的光一樣。

7 改善現有的品質

如今我認清，那宛如珠寶般的美就是專注。

——魯米

事情太多，時間太少

翻修房子時有道步驟極爲重要，卻常常遭到忽略，就是將「現有的」東西升級——我不是指將牆打掉、加裝窗戶或安排出入口，而是指重新安排屋內使用頻繁、卻沒做任何結構計畫的部分。重新粉刷往往能讓空間感覺煥然一新，但還有更多做法能讓空間變得更漂亮、更令人愉快，卻不必大費周章。幾個新燈具、擺些藝術品，隨手點綴一些色彩，房子整體感覺就會大不相同。大改變不見得要花大錢。

我們的生活也是一樣。的確，有些事物需要變更結構才能啓動，但有些小變動同樣能對日常生活經驗造成重大影響。祕訣是：將現有的變得更有樂趣；而我們將看到，樂趣主要來自改變參與的**方式**，而不是改變所做的**事情**。這項發現頗具啓發性，一個新觀點就像一層新油漆，可以讓生活全然改觀，增添許多樂趣。

說到這兒，我們發現自己對時間有種幻覺。我們最需要時間以恢復平衡時，清醒的夢境會告訴我們，沒時間這麼做。但我們愈是拖延，就愈失去平衡。雖然許多人有類似的個人經驗，我們也集體面臨這道難題，因爲世界正以驚人的速度持續變遷，似乎無法讓一切慢到足以照顧最基本的生理需求。我們只能照料自己信以爲眞的生活需求，並接受生活的支配。

現在，該是接受我們所看到的生活本質，並學習用不同方式參與的時候了。這需要利用時間的新方式，以擴展我們對時間的體驗，讓我們擁有充裕的時間，永遠不會感到倉促。聽來像是天方夜譚，其實不然：這不僅有可能，而且唾手可得，正如不需擴建就能使房子感覺更寬敞。

我們以爲這行不通，因爲認爲時間是線性的，而且被分割成更小的單位或容器，供我們塡入各種活動。舉例來說，足球比賽轉播至少需要兩個半小時的「時間容器」，而單人紙牌遊戲可能只需要三分鐘。照理說，若每個小時玩二十局單人紙牌遊戲，玩兩個半小時，我們對時間的體驗與看一場足球比賽相同。但時間可不是這麼回事。玩半個鐘頭的單人紙牌遊戲或許能讓人平靜，但是玩上兩個半小時，大多數的人恐怕會抓狂。

但是，從事你更享受的活動時，同樣長度的時間會過得快多了。所以對足球迷而言，看球賽的時間可能一下子就過去了，但是對運動興趣缺缺的人會覺得很漫長；而對於在場上踢球的人，時間甚至可能消失。與比賽融爲一體意味著：在某個特定時刻，唯一存在的事情就是「完全投入比賽」，就像我年幼時的「奧利維蒂時刻」——時間不再是線性行進中的一部分，而是持續延展的。對球員來說，最重要的只有**現在**。藉由全神貫注，他跳脫了一般認知的時間，根本不會想到時間太少還是太多。全神貫注時，時間不是問題，因爲你眞正感覺到「需要多少時間就有多少時間」。

回想一下小學或國中時期，還記得夏天總令人覺得永無止境嗎？尤其是開學前一週。每天似乎都有無窮無盡的時間，讓我和弟弟、妹妹可以做任何想做的事，比方說找朋友玩、騎單車、塗塗畫畫、看電視等等。我們很會自己找樂子，但有時也會對接下來該做什麼沒有頭緒；我們覺得時間似乎太多了——這與長大成人後的經驗大相逕庭。

尋找家的感覺

所以，傳統上如何利用時間的主要問題在於，我們會把時間想成特定尺寸的容器，比方現代人很喜歡說一週七天、一天二十四小時。其實我們對時間的體驗根本與容器尺寸無關。

如果你讀過我關於建築與房屋設計的著作，或許較能體會我爲什麼這麼說。提到現代的房屋，以及房子爲什麼愈來愈大時，我常說：

> 我們都在找尋一個家，卻用錯了工具。我們試圖在更大的房子中找到家，其實家的品質與房子大小沒什麼關係；家，存在於空間的**質**，而不是**量**。當你爲自身生活方式量身打造美麗的空間，而不是將家裡塡滿各式最新流行的空間設計與裝置，更美好的生活就會出現，那才會眞正讓你有家的感覺。

我們都希望生活很自在，卻再次用錯了工具。我們試圖在一天中找出更多時間做自認爲有價値的事，其實令生活自在的方式根本與時間長短無關，重要的是時間的質，而不是量。全心投入正在做的事，而不是把所有事塞進時間裡，你就會有更美好的經驗，生活也會更自在。

但倘若待辦事項多得不像話，而且每件事都已經迫在眉睫，如何才能放手並全心投入當下呢？回想一下約瑟芬的故事。她了解到：最無法安靜坐幾分鐘或散散步的時刻，正是最需要這麼做的時候。在這種時刻，你通常只想吶喊：「眞是見鬼了！我搞得一團糟！如果我這時開溜，事態就會一發不可收拾！」但是，事實正好相反。如果你現在**不**放慢腳步，事態**才會**一發不可收拾——因爲世界不假外求，世界存乎你心。把行事步調搞得這麼狂亂，以及被時間侷限住感覺的人，是你。只要你冷靜一些，事情就會改變。當你專注，與手邊進行的工作合而爲一，所有混亂、恐慌與壓力就會瓦解。

了解這點之前，我常想快速解決待辦事項，以便之後有時間享受當下。當時我仍相信時間是個容器，認爲待辦事項需要一定的時間處理。倘若我加快速度，就可以在時間容器中挪出片刻來體驗專注。

然而事實是：專注不是等你有時間才決定去體驗的，專注就是**存在**。專注就是**現在**，而現在是沒有邊界的永恆。你必須投入當下，要心無旁騖，才能夠體驗到。不管你是把時間安排得有條不紊的人，或是抗拒規畫時間，這項原則都適用。只要能全神貫注做每一件事，就會發現自己有很多的時間。

當你全神貫注於手上的事，就不會想著下一步的計畫，或是掛念剛才做得好不好；你也不會耽擱或擔心還沒有做的事——換句話說，沒有過去，也沒有未來。如此一來，生活會變得非常自在，因爲如今你沒有從手上的事情中抽離。你可以放鬆，並專注於自己所做的一切。

「她不會是認眞的吧？接下來我還得做A、做B、做C呢，怎麼可能全神貫注做眼前的事？」有些讀者可能會這麼想，或是覺得：「她不了解我的情況啦，我的情況比較特殊……。」但我是**認眞**的。事實上，唯有這麼做，你才能夠跳脫時間的束縛，減少生活的壓力。儘管你現在不太能接受，或是無法全然相信，但請謹記：這只是制約模式，是你的個性發展出來的生存機制。繼續讀下去，你將會知道怎麼做才會成功——誰都做得到。

隨波逐流

想像一下漂在河面上的樹葉。有些葉子會隨著水流從河的一邊漂到另一邊，有些則差不多是沿著河道中央漂流。若緊盯一片樹葉，你會發現，原本快速漂流的葉子幾分鐘後可能會漫無目標地往河岸漂移，而原本緩緩漂移的樹葉，下一分鐘可能會猛然加速。每片樹葉各自有前往下游的自然旅程，倘若你試著爲每一片樹葉寫劇本，並試著統合這些劇本，會發現事情非常棘手。此外，倘若你認爲有責任讓每一片樹葉抵達適當的目的地，認爲不這麼做樹葉會撞成一團，有礙於集體流往下游，你的思維就像典型的「事必躬親型管理者」(micromanager)——一個「耽溺時間的人」(time obsesser)。相反地，倘若你認爲樹葉不想動就不該強迫它動，而你能夠控制水流好讓樹葉行使自由意志，你就像是「抗拒時間的人」(time resister)。這兩種思維，都經不起考驗。河流與樹葉無論如何都會流動，不論過度關心還是抗拒，都會令你筋疲力盡。

在明尼亞波利斯開設建築師事務所時，我們開發了一個「人事和專案管理系統」，其運作比較類似不受限制的樹葉漂流，而不是採時間管理。雖然別家事務所無法置信，但這個系統直到今日都運作得非常好。在大多數的事務所，人力經常由一個人負責調度，泰半是合夥人之一。若是多人共同作業數個月的大案子，這種方式行得通，但在我們這樣的公司，許多案子會中途生變，一般建築師事務所的管理模式效果不彰。

出於需要，我們發明了這套系統。我們的員工從兩人增加到五人、十人，至一九九九年我離職時，已經增爲四十五人。不消說，倘若所有人（包括負責人）想繼續從事自己最愛的活動（也就是「設計」），就必須發展出一套系統，讓所有人能很容易並經常性地一塊兒討論工作量、個人需求與約定的時間。由於大多數的案子都很小，每位專案建築師都會同時進行數個案子。不時追蹤與協調手上所有案子的個人需求，已經不是一名全職員工負擔得了的，也沒人願意負責。

事務所規模成長到大約十人時，一般的人力安排方式已經行不通，於是我們決定每週舉行一次全體員工餐會，分享自己當前的工作需求與責任。這麼做的好處是提供機會讓所有人說明自身需求，好讓公司統一做出回應。如此一來，繪圖員可以告訴大家，他目前的工作即將結束，兩週後有空做新案子；專案建築師可以聲明，她需要模型製作與繪圖技術優異的建築系學生，協助兩件改建案；另一位專案建築師則能說明他最大的案子之一暫時停擺，他想要盡快接到更多工作。

每個人發言時，其他人可以適時表明自己是否有空，或能否支援。我們不需特別努力，問題似乎就會順利解決。這些會議讓我們不需要製作複雜的圖表，就能確任短期內的事項，也避免試圖凍結一個不斷流動、改變的狀態。隨著事務所員工增加，這套系統衍生新的分支，每個分支保持在二十五人，以確保系統的靈活與效率。這些分支既是集體也是個體，彼此會分享人力流需求，分支中的每個人也是如此。

雖然多少出於巧合，但這個系統確認了一個道理：當事情得以流動，就能被解決——而我們多半不完全了解箇中緣由。事情會在當下自行解決，而不用透過計畫或層層節制。當樹葉能夠自由漂流，毫不費力就能找到流往下游的方式。這個比喻告訴我們：樹葉完全專注在漂流上。它們正在做眼前該做的事，也就是隨波逐流——而在這個過程中，它們的投入恰巧促成自己漂往下游。每一片葉子的目標並非前往下游，而是隨波逐流，所以能體驗到漂流。

試圖寫下劇本並要求自己完全遵循，或完全忽略時間的流動，就好比樹葉試圖在特定時刻流到特定位置，或想力抗波流不動，會令自己陷入困境。我們假設最重要的是往下游（目的地）漂流，其實眞正要緊的是在每個新的時刻中，我們與自己、與他人的互動，那才能爲生活帶來滿足和意義。當然，互動就是旅程，亦即完全投入沿路所有經驗的過程。這才使得「不用大」的生活得以自然流動，持續展現。

無關乎預先計畫好或不好，但是你必須善加判定哪些事物需要計畫，哪些可以允許它們自行出現。以耽溺時間的人來說，問題常出在他們會預先設計各項「互動」（此處的互動意指執行計畫的「努力」）；而且由於已經預先規畫什麼時間該做什麼事，就沒有餘裕留給當下**眞正**該做的事了。

對於抗拒時間的人而言，挫折則源於時間確實會限制住人，但是他們完全不予理會，因而欠缺任何計畫，也因此無法意識到當下**眞正**需要做什麼。上述兩種方式都讓人遠離自然的流動，無法得知一切會完全按照自己的需求進行；事實上，沒有哪片葉子的位置是不恰當的。

投入你正在做的事

現在，一塊兒來看看該如何專注於日常活動吧。不過，我幾乎可以聽到你的抗拒。

如果我像你一樣初次讀到這概念，我可能會告訴自己：

她不是當眞的吧。我得在半年內寫完一本書，怎麼還可能專注於正在做的事？我得到全美各地宣傳上一本書；我得和一群同事爲一月的國際建築展設計一間展示屋，並協調建造流程；我得接受幾十家電台、電視台、雜誌與報紙訪問，從重新設計浴室，一路解說到未來房子的建築方式將有何不同。更別說我還即將去印度兩週。**她根本不了解我的處境。這是兩碼子事**。

我就此打住。但光是昨天，除了上述事項，我還得處理一些重要性較低的管理工作，好讓所有相關人等能繼續做他們該做的事，並在期限內完成。倘若我試圖用固定的劇本安排時間，立刻會慌了手腳；我並沒有這麼做。我安排好訪談時間，並且訂下寫作時段要求自己嚴格遵守，至於其他瑣事，我會保持警覺並等待時機處理。它們就像在腦海中飄動的氣球，我只積極思考手邊正在處理的單一事項。當我不試圖促使或逼迫事情發生，所有事都會奇蹟似地完成。而且，有時待辦清單上看似重要的工作，會因爲一些變化而告消失。

當你不再試圖掌控待辦事項，一些小奇蹟就會發生。比方說，昨天我並未依照計畫開始畫國際建築展展示屋的透視圖，因爲我發現，只要再等幾天，製作藍圖的公司就可以給我電腦繪製的模型圖，能讓我省下好幾個小時。等待是值得的。倘若我堅決依照原定時間處理這件事，就不會得知能拿到電腦模型圖，因爲我會沒空回應傳來這則訊息的電子郵件。

原本計畫要畫圖的時間空了出來，我因而接到一通電話，發現展示屋的企畫做了一項變更，讓我們能提供更好的展示空間，給一位過去在展示屋專案中備受青睞的參與者。那是一位贊助商，他原先告訴我們，由於沒有足夠的空間，今年他無法參展。我非常失望，但當時沒有任何對策。如今我有時間聯絡他，討論這個新機會。他答應參展，還告訴我有家同業想跟我們合作，打造展示屋的廚房；剛好，我們一直找不到家電贊助商。在半個小時內，光是順著那一天的流動，我們的展示屋有了兩家新贊助商，找贊助商的問題就這麼解決了。

這就是**眞正的**有效率；如你所見，這跟時間容器的概念幾乎沒有任何關聯。只因我能夠放輕鬆並且讓事物生變，一段時間空了出來，接著就發生了一連串的小奇蹟。計畫或安排是無法促成這些事的。「我正好碰上天時地利，」你可能會這麼說。但更好的說法是：「我只不過是投入我正在做的事情。」當你專注並接受自己正在做的事，事情、壓力就自然而然地解決，你會發現自己的需求以意想不到的方式得到滿足，就像河水的流動使得樹葉擺脫障礙。

追隨同步性

關於如何追求更具意識的生活藝術，珍・亞當斯博士（Dr. Jan Adams）是我第一位老師。幾年前她給了我一則寶貴的意見：「追隨同步性（synchronicity）。」她解釋，當你開始在生活中看到同步的事件，就表示你和當下的流動是「和諧一致」的。舉例來說，當我聽到一個電台節目談論美國著名的花園，以及由我最喜愛的建築師之一費伊・瓊斯（E. Fay Jones）在密蘇里州堪薩斯市郊區鮑爾花園設計的小教堂時，我將這件事記在腦中。

兩個星期後，堪薩斯市一些客戶邀請我去作客，（電台節目和邀約的同步性使得）我欣然接受。我抽空去參觀花園與小教堂，注意到屋頂的一處細部工法，正好解決了一個困擾我已久的設計問題。

當你看到愈多同步性，那條路徑就會提供愈多的和諧一致。聽起來似乎很不可思議，對事物的運作卻意義重大。以音樂的和聲理論爲例，小提琴或吉他調音調準後，演奏出來的音樂就會比音不準時和諧許多。同樣地，當你跟周遭世界和諧一致時，生活中的動靜就會和諧。藉由追隨同步性，你接收生活所提供的線索，爲你指出通往更和諧境界的路徑。

當一切看似嚴重失調且無法互相配合，你就該看看自己是否在抗拒什麼。是不是有人要求你做什麼，但你基於原則而不願意配合？而你之所以不願意，背後有什麼樣的潛藏觀念？暫停一下，深呼吸，看看自己能否用不同的方式做手上的事。這方式讓你不會事必躬親地管理流動，也不會固執己見。

然而，和諧一致並追隨同步性，並不表示一路平順。顛簸也是事物展現和諧的一部分，就如同一首曲子有起承轉合。衝突與焦慮之中也蘊含著同步性，而且還不少。事物不對勁或不符合你對和諧的想像，不表示不能提供你更加了解自己所需的素材。我們經常誤解和諧與平靜的意義；重點在於你身處各種活動與行爲中的**狀態**，亦即：不管發生什麼事，你的內心依舊平和、冷靜。這就是專注存在之處，你與你正在做的事合而爲一。

當你自問：「我專注嗎？」你就不專注。這就是爲什麼一開始顯得困難，因爲當你專注時，完全不會想到自己，而是完全投入手上的事。此時，你存在於**現在**，而時間很矛盾的，既不存在卻又是無限的。

倘若現在這一切看似行不通或令你沮喪，而且超出能力所及，請放輕鬆。它會不請自來的。就如同學習其他技能，你需要「時間」——這還用說嗎？學一種樂器時，剛開始幾週或幾個月可能是很大的挑戰，因爲你剛學會看譜，手指也還在熟悉鋼琴琴鍵或吉他琴格的位置。但經過一段時間，你甚至連譜都不用看。藉由練習，同時對正在學習的事物保持放鬆與開放，不費吹灰之力就能演奏出音樂。

專注的藝術也非常類似。保持放鬆，不需要耽溺或抗拒，很快你就會親身體驗到流動。

筋疲力盡

在學習專注之前，我的生活和許多現代人一樣，非常費力。大約十幾年前，有一段時間，我每天要處理的事情實在太多了，多到覺得自己快要發瘋了。我和合夥人共同創立的建築師事務所業務蒸蒸日上，許多媒體報導我們的作品，公司因而接到大量詢問電話。我們必須擬定一套流程以應付所有感興趣的客戶，公司所有建築師都一人當兩人用，努力滿足原有客戶的需求之餘，還得處理眾多的新客戶。

某個星期，我與可能的新客戶開了六、七次會。所有可能成交的新工作都是翻修案，因此我並未請業主來辦公室開會，而是自己去他們家。雖然很忙、壓力很大，但一切大致順利——直到開後續會議時，一位很可能成交的新客戶來電表示決定用我。正當她滔滔不絕描述著想如何改造自己的家，我的心突然一沉——我不記得哪棟房子是她家。那個星期，我沒完沒了地和可能的新業主開會，誰是誰、哪間房子是哪個人的，我早就搞不清楚了。我慌慌張張地翻閱筆記，想要搞清楚她是哪位，但就是記不起來。而我愈擔心，就愈沒有頭緒。

我一向以「有條不紊」自豪，能夠同時處理許多案子。這已經是我的能力極限了嗎？電話中，我假裝記得她是誰，順利過關，掛上電話後，趕緊翻查她的地址，然後開車經過她家。轉過她家街角時，房子和街道喚起了我的記憶，先前與她開會時的所有細節重新浮現腦海。我大大鬆了一口氣，回到辦公室後思緒鎮定下來，便著手計畫增建家庭娛樂室和重新裝潢廚房。

這次經驗幫我上了重要的一課：當你試圖在一天和工作時間中硬塞行程進去，你會不知道自己在做什麼，也無法做好任何一件事。

一個人最難培養的能力之一，就是知道在需要說「不」時勇於拒絕。由於人們賦予「我可以」的做事態度極高的評價，我們看不清什麼事是可能的。當有人在比合理時間更短的時間內做到更多的事，我們通常會稱讚他，並且假定結果是好的。其實不然。對於成就超人功績的人來說，這不是好事；對於接受過勞者服務的人來說，這也不是好事；而且還會波及未來的世代重蹈覆轍。

早年在某家建築師事務所上班時，我有位同事經常一天工作十二到十六個小時。有幾次我很早到辦公室，看到他躺在辦公桌下睡覺，表示前一晚他沒回家。他似乎全心全意投入工作，我知道老闆剛開始對他的勤奮印象深刻。但是有一回，我親眼目睹這名同事大發雷霆，爲的不過是些芝麻綠豆大的事，比方某個倒楣的祕書將信紙邊緣留白的寬度設錯了，或是誰還他電動板擦時「放錯」地方。他發起脾氣來可是毫不客氣，公司四十名同事全得聽他動輒長達半小時的咆哮。

他的人生似乎不曾有過「美好的一天」。雖然他很盡責，但成效不彰，案子似乎總以失敗收場。老闆最後終於看出問題在哪兒，堅持要他減少每週工作時數。從那時開始，他的行爲才有了轉變。他不再動不動就發脾氣，而且雖然工作時數減少，案子卻更快完成，客戶和同事對他的滿意度也提升了。

把自己逼得太緊，任誰都會情緒失控，但不知道爲何我們仍說服自己這種生活方式沒問題，告訴自己這樣可以完成更多工作，徒然把自己搞得筋疲力盡。節奏快到記不住自己在做什麼或爲何而做時，絕不可能專注。浪費掉的精力多到嚇人，而且你得花更多的時間完成手上的工作，相當諷刺。不斷逼迫自己時，你會非常疲憊，失去靈感，並且對自己的事業失去熱忱。過去我有個朋友經常將這句話掛在嘴上：「你再也不是因爲喜歡這份工作而拿到薪水。」說的正是工作負荷過重的情況。

如果工作無法激勵你，無法令你成長，做它幹嘛？工作過度時，有些任務會令你覺得單調、乏味；但是，當你傾聽身體和直覺的訊息，當你慢下腳步好讓自己更投入，任務就可能變得截然不同。獲得充分休息、心思比較平靜時，你處於更高或更開放的生命狀態，任務可能顯得有趣、令人興奮。問題不是出在任務本身，而是出在拚命趕工，以及做事不專注。

在這方面，早年一位客戶為我上了重要的一課。為了盡可能提供每位客戶最好的服務，我訂定截稿期限和工作要求，規定自己完成建案各個環節的進度。繪製定稿可能得花上數個月，一間房子的藍圖接近完成時，也總會有很大的時間壓力。我為那位醫生翻修房子時，只有一名員工，而他正忙著畫另一件案子的圖，因此我得一手包辦所有工作；為了在自己設定的期限內完成藍圖，我每天花很長的時間工作。

某日，我告訴客戶週五下午會把畫好的圖給他，但當天早上發現這是不可能的任務——我還需要幾天的時間。於是我打電話去道歉。「不要緊，」他回答道：「下個星期給我就行了。」但是我仍滿腦子想著效率，沒怎麼注意他說了什麼。我拖稿了，但接下來會盡速完成案子。

這一天我熬夜工作，星期六又拚了一整天，只睡五個小時。星期日早上十一點半，我終於完成藍圖。列印出幾份後，我跳上車直接駛往業主家，連停下來喝杯咖啡或吃份早餐都沒有。我永遠不會忘記拿著藍圖站在他家門前的景象。我筋疲力盡，但引以自豪；我的藍圖雖然遲交了，但沒遲交**太久**。我按了門鈴，過了一會兒他前來開門。

「星期天你跑來我家幹嘛？」他問。我將藍圖猛力塞給他，他卻往後退。「我不需要今天拿到啊，我告訴過你啦。」他說：「你自己照照鏡子。」他指著一面鏡子，我往鏡裡一看。「你看起來眞是狼狽。」他說。沒錯，我的眼圈發黑、臉色蒼白、形容憔悴、一頭亂髮。「你做得半死，就爲了今天交圖給我，但是我現在還不需要圖啊。現在，把你的圖拿回辦公室，下星期再寄給我。」說到這兒，他頓了半晌。我覺得非常洩氣，不曉得是怎麼一回事。

「把這件事當作一次教訓，」他說：「沒有任何事値得你賠上健康，絕對沒有，包括你自己規定的截稿期限。爲了趕工而趕工沒什麼好自豪的。回家去，好好吃頓飯，然後睡一下。」我照做了。雖然當時我非常埋怨他，但日後一直心懷感激，因爲這是最深奧、而且影響我人生最大的一堂課。

從那之後，每當我認爲有截稿期限，就會仔細分辨那是眞正的期限，還是我自己訂的要求。在這樣的過程中，我一次又一次發現：期限只是劃地自限。硬要在期限內完工，你的生活會崩解；你絕對可以要求延長期限。訂定期限的人或許不太高興，但只要解釋延期後作品的品質會大幅提升，而且你不願意爲了速度的假象犧牲健康，某些人會諒解的，至於不諒解的人，就必須承受後果，也就是得到品質較差的成果——一切由他們決定。但是，你對於自己身心健康的顧慮，不應該妥協。

這種管理時間和期限的方式，與社會所認可的職場表現相反。但是，倘若你和我一樣是耽溺時間的人，一旦改弦更張，人生就會發生戲劇性的變化。

對於抗拒或忽視時間的人，期限雖然完全是另一回事，但同樣棘手。這一類的人認爲期限是霸道的，因此不用認眞看待。他們通常把時間規畫、架構視爲龐雜、難以達成的任務，認爲這種苦工只會引發挫折感。耽溺時間的人安排太多計畫，抗拒時間的人則對於「立即行動以確保在時限內完成工作」的想法感到爲難。

如果你發現這就是自己，逃避期限只會讓你更傾向於不做計畫，這時**逆向操作**會有幫助。你可以自訂一個能輕鬆達成的時間表，執行時留心自己的抗拒和逃避模式，倘若發現自己誤判任務所需的時間，也毋需沮喪。學會安排優先順序、計畫以及堅持到底，都需要時間，但只要這麼做，你會注意到緊急狀況發生的機率大幅降低。一段時間之後，生活中的驚慌和挫折都會減少許多。

筋疲力盡是我們的制約模式所造成的，抗拒安排計畫的人通常會發現，自己和排太多計畫的人一樣氣力放盡。若你總是無法在期限內完工，你的挑戰是學習準時完工，若你總是在制訂期限，你的挑戰則是學習在需要更多時間時開口要求。總之，你必須練習與原本行爲模式相反的做法，並且創造全心專注的機會。當你不過分在意，也不抗拒時間，大腦終能放鬆，你也能全神貫注於手上的事情。

生命力

每當你覺得自己奮力促成或逼迫某件事發生，或者抗拒該做的事，你和這件事是分離的，顯然你並未全心投入，事實上，你的評斷和反應鎖上了大門。你在無謂耗費「氣」，或者說「生命力」。

氣這個中國字能明確說明意識的動力，因爲它不只意味著流經所有事物的生命能量，也指稱健康和有活力的系統或身體不可或缺的平衡。我們在逼迫或抗拒時，會迫使身體和周遭的一整個系統失去平衡——白白浪費氣，如同開一部一公升汽油跑不到五公里的車。

而當你專注地從事日常活動，就不會造成任何浪費。事實上，你會受到活動的鼓舞，因爲專注就如同傾瀉出能量的水龍頭。不管專注於什麼，你就像沉浸在比賽中的球員。你不需要油箱，也毋需擔心燃料用盡——只要保持專注，燃料永遠不虞匱乏。

要改變體驗時間的方式，關鍵在於慢下腳步，對周遭環境保持警醒，以求全神貫注。這不表示你得停下所有正在做的事，你用不著轉行或辭職。這也不表示變得懶散，其實正好相反。你只是花時間全心投入手上的事情，不管是寫備忘錄、回電子郵件、洗碗盤，還是清理浴室。當你的大腦和心是開放而投入的，當下的生命力就會源源不絕。

換你了

倘若你放慢行事步調，卻發現大腦依然快速轉動，或許可以試試以下的練習。在一天當中安插短暫的休息時間，以提醒自己生活的情節底下發生了什麼事。這類似辦公室的十五分鐘休息時段，只是更短、更頻繁。練習如下：每十五分鐘休息十秒鐘，注意自己的身體和心理發生什麼變化。

你需要重複提示的計時器，好提醒你十五分鐘到了。必要時甚至可以用煮蛋計時器，但若一天之中大部分時間你的身旁都有人，他們可能很快就會被你逼瘋，因此選用靜音的計時器比較好。

這練習看起來沒什麼，效果卻可能很顯著，因為這會讓你一再進入當下。

瞬間的展現

雖然我們自認生活在自己的掌控中，但放手讓事物自然浮現，一切的流動會更加順暢，而且常常出乎我們意料之外。一年前我參加的一場聚會是絕佳的例子：靈修中心要求我們與會時要帶花，除此之外，我們渾然不知這場聚會要做什麼。

到場後，所有人將花放在房間的正中央，接著我們三十個人圍坐成一圈，等待活動展開。老師發給每個人一只小花瓶，指示我們安靜地將花插進瓶裡，要挑幾朵、挑什麼花都行。在場的人一個接一個隨興地挑選花朵，然後回到座位開始插花。

當所有人完成後，老師緊接著遞給我們一只碗，裡頭放滿了摺起來的紙條；他靜靜地指示大家隨機抽一張紙條。毋需言語，我們就知道要將手上的花瓶送給自己抽到的人。整個過程都在靜默中進行，隨著我們愈來愈投入地交換花瓶，房間裡也充滿了專注的氣氛。露意絲將她插滿白玫瑰的花瓶送給瑪莉安時，瑪莉安突然哭了起來，沒有人知道原因，但我們感覺到某種深沉的事發生了。坐輪椅的布萊德就坐在我旁邊，他轉身將花瓶送給我。抽中我的這份機緣，讓他得以完整參與這項體驗，因爲不需要請別人幫他送花。他把花瓶送給我時，大家驚訝得倒抽一口氣。我們都目睹了宇宙的完美流動，這巧合並不是誰精心安排的，因此更顯美好。

練習一結束，我們進行討論，某個花瓶送到最適合的人手中的情節陸續上演。其中最特別的，則是露意絲和瑪莉安之間的故事。瑪莉安先是告訴我們，挑花的時候（那時沒有人知道接下來要把花送出去），她在內心跟自己有一段對話。

瑪莉安對玫瑰有特殊的偏愛，因此她立刻喜歡上某人帶來的一束白玫瑰，但這些玫瑰是長莖的，插在她的小花瓶裡可能會掉出來。她雖想過修剪長莖，但認爲這麼做不合適。她也覺得拿走她認爲最漂亮的花很自私，於是決定把那些花留給別人。而露意絲並不偏愛玫瑰，卻不知怎地受到那束花吸引。她果斷地拿走全部十二朵白玫瑰，迅速修剪長莖，插在她的花瓶裡。之後，她發現大多數人拿的花都比她少，便開始懷疑自己是否做錯了。「我是不是該留些白玫瑰給別人？」她心想，覺得既丟臉又尷尬，認爲自己搞砸了。

抽籤活動接著上場，露意絲發現花要送給別人時，稍微鬆了一口氣，不再那麼愧疚。但是她把花送給瑪莉安時，瑪莉安哭了起來，露意絲再度懷疑自己是不是哪裡做錯了。在接下來的討論中，她才明白瑪莉安方才爲什麼突然落淚，也明白自己的做法絕對圓滿。非常想要白玫瑰的瑪莉安正好收到了白玫瑰——現場所有的白玫瑰，而且送她的人毫不猶豫地修剪了長莖。宇宙的運作實在太巧妙了，遠超乎瑪莉安的想像，她原本還擔心自己拿光白玫瑰會不會太自私、剪短玫瑰的長莖恰不恰當呢，這會兒全都不重要了。事實上，倘若瑪莉安一開始就選白玫瑰，最後就無法獲得這些花了。

那次經驗讓所有人親眼目睹「提出要求，就會有所得」這句話的體現。喜愛白玫瑰的瑪莉安透過自身行爲以及對他人的體貼，提出了要求，宇宙於是回應她。除了喜愛白玫瑰的美，宇宙並未要求她做任何事。而露意絲了解到她是宏大過程中的一顆棋子，也了解沒有什麼行動是「錯的」。不管我們是否專注，那些時刻的交流和同步事件都會發生，但唯有專注，我們才看得見動力。否則，我們就會迷失在夢中，迷失在自以爲是的想法中。

某位參與者將此經驗稱爲「現在之花」，我認爲非常貼切，因爲「花」（flower）這個字可以拆成 flow-er，也就是**流動者**。聚會過程從頭到尾都非常特別，因爲一切自然而然地展現，也因爲有那麼多的人完全投入當下。這項練習讓我們得以看到「當下」是一刻接著一刻流動的，就像眞正的花朵，每片花瓣、每個行動都反映出整體的完美和美好。我們**正是**「現在」的流動。

專注於你的體驗

我現在的老師艾爾經常用一句話幫助學生領略「專注」的價值：

> 人生是體驗經驗的過程。

這句話既簡單，又深奧。任何事物的發生或顯現，都是在當下的一刻。因此體悟人生的唯一方式，就是體驗當下所發生的事。逝者已逝，雖然我們記得過往某一刻的經驗，然而記憶並不是體驗。未來則永遠不會降臨；未來只是尙未體驗的當下。

因此「現在」是僅存的**即時**，而矛盾的是，現在存在於線性時間之外。現在與成爲回憶的昨日無關，跟我們所臆測的明天也無關，現在就只是現在，是一切的現在進行式，而且全都發生於**此刻**。停下來思考這個問題，讓它滲透你的思想。

體驗的瞬間，是唯一存在的時間。此刻你正在體驗什麼？這是生活發生的所在——發生於體驗「現在」之中。

「現在」是什麼？

現在，我正看著一塊斜面玻璃造成的圖案在辦公桌和手上閃動。

「現在」是什麼？

現在，我正感覺到一道光在內心顫動，更清醒地意識到這一刻令我興奮。

「現在」是什麼？

你來回答，不要修正答案，沒有答案是錯的。這是你的生活發生之處，就是現在。

每問自己這個問題一次，你就會更加了解自己，更加了解你的經驗和你的體驗方式。

「現在」是什麼？

從事每日例行公事時，偶爾以此自問，你將開始以嶄新的角度看待自己。當你練習每十五分鐘暫停一次，每次暫停就問自己這個問題，你將察覺當下眞正發生的事，而不是你腦袋中的想法。

因爲你無法自動關掉腦中運轉的想法，所以必須用這樣的探索方式，幫助自己回歸眞正的現實。如此一來，你忙碌的頭腦將逐漸放鬆，你也將開始看穿生活的內容。這內容再也不會界定你；反之，所有內容中眞正發生的事（也就是「當下的體驗」）將會成爲你的「吸引人的光」，就像走廊盡頭有燈光打亮的畫作。體驗當下的活力遠遠超越你腦中的故事情節，一旦體驗過一、兩次這種活力，就會想再次體驗。經過一段時間，當你持續體驗現在正發生的事，就連「我的生活」這個詞的意義也會改變。試試看，你會了解我的意思的。

當你眞的與每一分、每一秒的展現合而爲一，當你**就是**「現在」，我們對時間的體驗會與一般的想法迥異。「即時」似乎不長也不短、不是瞬間也不是永恆。其實即時無法以言語形容，因爲它與線性或量化的時間都無關。線性時間都發生在「現在」之中，但我們用來形容線性時間的詞彙無法定義「現在」。「現在」給我們的觀感不是時間，而是當下，雖然我們意識到流動，其持續性卻彷彿是偶發的；我們幾乎不爲所動，就像順著河水漂流的樹葉幾乎不會意識到水的流動。

接下來的練習能開啓進入**即時**的途徑，帶領你進入「現在」。你只需要非常緩慢地吃你最愛的食物，好完全體驗食物的味道和口感。倘若你曾在高級餐館試過好幾道菜餚組成的「淺嘗餐單」（multicourse tasting menu），你已經體驗過這項練習了——只是花了比較多的錢！淺嘗餐單的設計就是要帶領食客進入當下，分量少、擺盤美的餐點，鼓勵你將所有感官專注在每一口食物上。

類似的藝術還有茶道。在日本和中國，茶藝和茶道經過幾個世紀的精進，意在整個過程中喚醒對每一刻、每一個感官刺激的敏銳意識。雖然在美國很難找到能完全體驗茶道的地方，但我很幸運能在加州柏克萊「賽拉登」茶館（Celadon Tea Room）開了眼界。

我和一群朋友造訪賽拉登茶館時，茶道師在我們面前表演了神奇的藝術，我們則享受了超越時空且完美的感官愉悅。各種茶的氣味，將熱水重複倒入可愛的瓷杯和茶托，甚至清洗的過程——一切都在當下進行，而和主人同樣專注的賓客，則享受了完全沉浸在「當下」的感覺。

聽起來或許誇張，不過就是喝茶嘛。但是當你全心投入，真正體驗到的是生命、光線、味道與顏色之舞，而且彷彿是特地爲你呈現的。一旦體驗過，你再也不會懷疑要上哪兒尋找意義，因爲意義就存在於體驗本身。

倘若你試過快轉看一部電影，會發現雖然大概猜得到情節，卻完全看不到電影的意義，只看到模糊的影像。由於我們步調太快，太過關注自己對事物的期望，我們也常常察覺不到人生電影的眞正意義。

我們自以爲知道該何去何從，因此只要計畫失敗就沮喪不已，完全無法享受當下。要活出豐富色彩、直接體驗周遭環境的活力，不管現在發生什麼事，我們都必須全神貫注地參與。

我們的活動只是包覆每一個「現在」的衣物，傳達「現在」以及一切的「當下」始終存在，而且一直是嶄新的。記住，生活並不是你清醒時刻的內容。重要的是：每一刻都是嶄新的時刻，以及嶄新的呈現，充滿全新體驗「現在」的可能。更崇高的意義就來自於此，就存在於經驗本身；在其中，我們才能發揮潛能。藉由全心體驗，我們永遠會變得更好，也必定會變得更豐富。

當你開始活在當下的每一刻，將會發現生活起了變化。從太大、太快和太令人沮喪，轉變成輕鬆許多的步調和清晰——這是「不用大」所帶來的。時間，將不再是你必須對抗的敵人，而會在意想不到的地方開始流動和敞開，容許你全心投入於自己眞正喜愛的事。

練習

體驗專注

人們常誤解「全神貫注」的意思。你不必躲到山洞中沉思生命的意義。你可以將專注與例行公事結合，因爲專注無關乎生活內容，而是關乎從事日常活動的注意力。你可以單純地在生活中保持專注。多數人都渴求在所處理的事物中感受平靜和喜悅，而專注正能帶來我們渴望的活力。

這項練習是一場實驗，你必須先放下所有忙亂的日常活動，以親身體驗專注。給自己至少二十分鐘，確定你所在的地方不會被打擾。你可以獨自練習，也可以和親友一起進行，但練習的時候別交談或做其他互動。

帶一種你最喜愛的食物，放在面前的盤子上。接下來二十分鐘，你將完全投入這道食物中。全世界只剩下你和你最愛的美食。觀看、觸摸、嗅聞、品嘗，然後吃掉——非常、非常緩慢地吃掉。當你品嘗然後緩慢吃下肚，閉上雙眼，不要因周遭環境而分心。

「怎麼可能？我哪有這個時間啊？」工作排得太滿或極度忙碌的人可能會這麼想，我建議可以先從較簡單的方法著手，以文明人的方式吃晚餐：關掉電視，不接電話，讓孩子比賽誰能保持安靜最久。然後開動——慢慢地、安靜地吃，腦子不要想東想西。看看食物的顏色，品嘗滋味，然後享受身體進食的過程。接下來的幾個星期，你可以試著進展到「專注品嘗最愛食物二十分鐘」的練習。

完成練習後，把你的經驗寫在筆記本中。你將體驗到的就是專注——至少是部分專注。你的腦中可能會轉著一些念頭，例如：「我現在看起來一定很蠢」或「真希望我選了比較熟的草莓」。在那些時刻，你**並不**專注。當你的心思在評論腦中或周遭的事，就指出你並未全神貫注於當下發生的事，亦即你並未完全處於「現在」。

但是，當你品嘗第一口食物，當味道在嘴裡迸發，你體驗到食物的口感，就表示你非常專注。你如此全神貫注在這體驗中，以致消弭了和食物之間的界線。你和食物合而爲一，這種感覺很有可能令你恢復元氣、深深滿足。

我曾和朋友以一盤布朗尼進行品嘗實驗，雖然每個布朗尼的大小只有五平方公分左右，練習結束時，我全然相信它有三、四倍大。毋庸置疑，那是我這輩子吃過最好吃的布朗尼。但最令我驚訝的是：那些朋友過去都沒有方法判斷「處於當下」是什麼感覺，吃布朗尼的時候都立即了然於胸。從此，他們都能意識到自己眞正專注的時刻，因爲他們可以跟那次練習對照。

當然，重點在於「以同樣的全神貫注做任何事」。這不是一蹴可幾的，但只要練習，就愈來愈能以這種方式過日子；所造就的生活品質，將令你震驚不已。

品嘗食物的練習只消花你二十分鐘。如果你深知此舉可能很有價值，卻仍覺得目前撥不出二十分鐘練習，那麼你很有可能也會拖延其他許多對你的成長有益的事。

倘若你決定延後練習，等下次比較有時間時再做，那麼請謹記：「下次」恐怕永遠不會到來。你必須自問：是誰或者是什麼，決定你沒有時間？倘若你推翻那個決定，堅持做練習，會怎樣？當然，期待你永遠維持同樣方式做事的人，可能因你打破模式而不高興，但你會很驚訝地發現，缺席一下下其實對旁人沒有什麼影響。

原則

關注的焦點

這項原則與第七章「吸引人的光」有異曲同工之妙，只不過此處吸引人的並非光線本身，而是在我們所處空間創造一個象徵中心點的物體或形象。在美國，一間房子裡最容易辨識的焦點通常是壁爐。壁爐深植於房間內，點燃時會成爲房間內各種活動的「中心」，更成爲整個房間的象徵。

你可以用對你有意義的事物當作某空間的「關注焦點」，比如：主臥房床頭牆面

上的美麗藝術品、位於飯廳餐具櫃上的玻璃雕塑，或是廚房爐子上的磁磚設計。

在這一章，你將學到在生命中創造關注焦點有何價值、爲何重要——每天，你會在焦點所在花上一段時間獨處，什麼都不做。唯有如此，眞實的自我才會顯現——因爲你沒有急著完成什麼事，也沒在擔心如何迫使某些事情發生，或扭轉事態的發展。唯有在這樣靜謐的片刻，你所關注的焦點才得以顯現。

「吸引人的光」主要探討外在的事物，「關注的焦點」則是關心我們的內在。兩者都要我們更專注於自己的生活，但對於當下的體驗，會因爲你是否投入每天的活動、是否安靜地內觀，而有所差異。當你爲自己創造一個關注的焦點，人生電影就會放慢，慢到畫面幾乎靜止，與其他畫面形成強烈對比。這一章將會爲你揭露靜止的價值與意義。

8 創造屬於自己的空間與時間

順服於每日的鍛鍊。
你的持之以恆就像是不間斷的叩門。
繼續努力敲門，
總有一天，門內的喜悅將會開窗，
這個時候，看看誰在外面。

——魯米

休息片刻

你的改造計畫進展順利。你已經辨識出現有架構的許多問題，雖然新的架構尚未竣工，至少可以先想像房子改造後你的生命模樣。但是，要如何騰出時間做這些改變呢？你或許會自問：「就算這是我的人生電影，而且我正以快轉速度觀賞，要如何找到遙控器來放慢速度呢？」答案是：你沒辦法按個按鈕就讓一切轉變，你得從自身行爲著手，做一些微不足道的改變。而這些改變的關鍵，就在於「每天留一點時間給自己」。

這就等同於在翻修房子時爲自己留一點空間，就像我設計自己的第一棟房子時所納入的閣樓。改造生活時，指定屬於自己的時間對於表達自己的現狀與展望之重要性，就跟保留屬於自己的空間一樣。這樣小小的變動，將會牽動許多更重大的改變，從而影響你的一生。而就像第七章送花練習的參與者無法決定最後結果，你也無法決定這些更大的改變。改變會自動發生。

聽起來或許有點不可思議、甚至可怕，但現在你的任務就是放下所有懷疑，願意相信事情可能並非表面所見地難以動搖和嚴酷，相信自己一定能在忙碌的生活中抽出所需的時間。當你開始找回平衡，將會發現自己的人生電影情節不再那麼混亂，因爲這反映了你的內在狀態。當你建立新的行爲模式，就算生活瑣事亂成一團，還是會堅持從中抽離，好喘口氣。片刻休息能讓你重新找回客觀，再度回到狀況中時不致不知所措。你將擁有新的觀點，就好比從海洋世界的上層座位俯瞰，而不是坐在濺溼席上觀賞。

所以，接下來你所要做的，就是放慢自己的人生電影速度，好整以暇地客觀觀看。看起來似乎沒那麼重要，實際上這卻是改造生活的過程中最重要的一件事。如果你不做其他改變，生活仍會有所變動；但若缺了這一項，其餘的改造過程就很難維持。如果沒有保留時間給自己，很可能會忘記自己的夢想，忘了觀察並對周遭的事物心存感激，也忘記自己所見的並非眞正的眞實。所以，無論如何請你繼續讀下去。這把重要的鑰匙，將能打開通往你的眞實本質和「生活不用大」的大門。

在這一章，我將會用到的一個詞彙，在某些圈子裡似乎已成爲「遠離世俗」的代名詞——**冥想**（meditation）。先前我已用過幾次，有些讀者看到這個詞可能會覺得很沉重。近來人們賦予冥想一詞許多錯誤的解釋與諸多假設，使得它幾乎變得不具意義；因此我會試著加以釐清，揭開神祕面紗，讓人們恢復使用。但是，倘若你發現自己看到「冥想」

總是會有一些反射性的反應，請改用「靜止時刻」(still time)。一個詞彙只是一個標籤；重要的是所要傳達的原則。

有些人認爲，冥想是出世的人、遠離人群的人才會做的事。有人則認爲，會冥想的人，大都是將身體扭曲成怪異姿勢、脫離俗世、瘦巴巴的瑜伽修行者。有些人覺得冥想很時髦、很酷，他們也有興趣，但因需要長時間靜坐，而自認做不到。還有人覺得冥想的過程中，若內心沒有感受到類似天文館播放的雷射燈光秀，就不算是眞正的冥想。不過大多數人認爲自己無法冥想，是因爲沒辦法讓大腦放空。

但是，以上情形都不是冥想。冥想其實非常簡單，甚至遠比祈禱還簡單。冥想是關注內在。之所以遭到嚴重誤解，是因爲你不該去「做」這件事——而是應該**處於**這種狀態。但西方的文化過於注重行動，使得我們無法想像一件不是「行動」或「不是目標導向」的事有什麼價值。**那**怎麼會有用呢？當我們抱持這種態度，等於捨棄了一半的生活。我們既需要安處於事態，**也**需要採取行動。

到底什麼是冥想？冥想爲什麼那麼重要？能帶給我們什麼好處？許多常常修習冥想的人可以證明，它大有助於產生更放鬆的意識，讓你以嶄新的角度觀察生活；我的親身經驗也是如此。冥想本身不但能讓人放緩腳步，成效還很持久，可以改變你整齣人生電影的調性。只要每天花點時間內觀，我們就能眞正活得像**人**，而不是像**行屍走肉**。

靜止時刻

生平第一次冥想實驗，發生在我十八、九歲時；那時我需要做些改變，卻又疑懼不前——我害怕揭露一段感情中未說出口且顯然無法解決的不安。那時候我每天都會寫日記，內容大都記錄自己的想法和情緒。有一天我重讀前一個月的日記，發現自己的情緒每天都有很明顯的波動。某一天我深深浸淫在愛河中，覺得萬事美好，隔天卻再也不期望有誰了解我或欣賞我。一切非黑即白，非好即壞，不是快樂就是悲傷；我以二十四小時爲週期，不斷往返於兩個極端之間。我記得自己沮喪地放下日記；過去我從未察覺這些劇烈的起伏，而它在日記中顯露無遺。

回首過去，如今我了解年幼時所接受的教導使得我聚焦於事情的光明面，以免發生正面衝突。因此即使每到翌日我才承認自己過得不快樂，這個事實仍舊指出有非常重要的事需要注意。

讀日記那天，我知道自己必須做一件事，就是別再否認自己的悲傷。但是該怎麼做呢?我不確定。我想躲起來，就像受傷的動物一樣；但是我知道那無法解決任何問題。我掙扎了一、兩週，一直拿不定主意。然後，上天指引出方向，就像誠心祈求有人幫你解決難題時經常發生的事。

住在奧勒岡州時，我居住的社區計畫在一塊當時還無人居住、面積一千二百英畝的土地上建造新城鎮——一座涵括各種居住形態的生態村莊，從小農場到密集群聚於村中心的房屋都有。對一個建築系學生來說，這種生活方式再理想不過了——我得以將自己對更加美好生活方式的憧憬，和一群熱心的理想主義者分享；他們願意改變傳統三房、兩車庫的房屋形式。建造計畫中還有許多團體活動，包括經常舉行的百樂餐會（參加聚餐者每人各帶菜餚共享的餐會）和聚會。

社區成員中有一名年輕男士，他已修習冥想多年。我經常看到他在社區的一棵大橡樹底下打坐，眞是一幅靜謐的場景。有一股安寧和平靜包圍著他，讓我也想學習冥想。每天，在安靜獨處的幾分鐘裡，似乎有某種東西滿足他，讓他得以專注；而我也感覺得到，他的生活方式異於常人。

在某一場百樂餐會中，我向他問起這件事，結果發現他不僅加入了一些靈修中心，自己也教冥想課。我問他能不能教**我**冥想，於是他就在舉行餐會的舊穀倉中央，即席爲我上了一堂課。他教我盤腿坐在一塊堅實的墊子上，好讓尾椎骨高出膝蓋幾吋。他說理想的冥想姿勢關鍵在於脊椎要挺直，所以若必須坐在椅子上，就得挑一把能讓脊椎盡可能伸直的椅子，背部或肩膀不能垮下。他告訴我下一步是閉上眼，緩慢而深沉地呼吸，先深深地吸氣，再深深地吐氣，完全不要勉強。然後，注意每一次的呼吸。他說，這時頭腦和身體會平靜下來，並臣服於一種寧靜感。

他也告訴我，不要因爲浮現腦海的任何想法而分心，不管這些想法多有趣、多令人害怕或令人受挫，只消重新專注在呼吸上，雜念自然會消逝。他說：「想法本來就會浮現，但是你用不著投入。只要專注在呼吸上，撇下雜念。」他說，每天這樣冥想二十分鐘，我就會發現生活出現重大變化。

聽起來夠簡單，雖然當時我不確定會有什麼效果，我仍急著回家嘗試這種技巧。我並未提起自己的任何事情，而且除了請他教我冥想，也沒要求他提供其他協助。但我卻知道，這練習將會幫助我解決當時的感情問題。

我的第一堂冥想課只花了十分鐘，但那正是我需要的。按照老師說的每天打坐冥想二十分鐘，我發現自己比以往更能看清當時的感情問題。請注意，我打坐時並未思考感情問題——只是專注在呼吸上，每當有念頭侵擾，就回頭注意呼吸。光是靠著呼吸以及讓頭腦比平常更寧定，冥想後的幾個小時內，體悟便會憑空出現，而且非常清晰，告訴我接下來該怎麼做；我不確定這是怎麼發生的。

此後，每當我被壓得喘不過氣，或當我遇到難題，我知道解決之道就是冥想。雖然當時尚未每天固定冥想，但我很肯定冥想能夠幫助我釐清接下來該怎麼做。雖然領悟出現在冥想後，而不是過程中，但很顯然是冥想讓深入的見解得以浮現。因此，多年來我一直把冥想當作感冒藥，只在生活出現問題時才服用。

我很幸運，那麼年輕就學會找到平靜和生活角色之間的關係，鮮少長時間卡在問題中。只要我經常冥想，不管什麼問題，都能逐漸迎刃而解，一切也會回復新的平衡——一種較諸以往更新、更美好的狀態，而不是恐懼令我以爲無可避免的現實。冥想似乎讓我以不同的觀點看待事物，因此原本看似問題的再也不是問題。我只能這麼作結：問題出在我看事情的角度。

「冥想怎麼可能有幫助？」也許你會這麼問自己，何況冥想會阻止腦子進行思考。從愛因斯坦這句名言可以窺見答案：

我們無法藉由和製造問題時相同的思考層面，來解決所面臨的重大問題。

換句話說，當你思考問題可能的解決之道，出現的想法是你的個性所產生的，而個性這個機制打一開始就把狀況視爲問題。因此，思考徒然將你關在一間滿是鏡子的大廳裡，不管如何抉擇都保證問題會持續，或者衍生一連串相關且同樣無法解決的新問題。

我們的問題源自自身有限的理解，某些事物在這個意識層面被視爲問題，另一個意識層面卻認爲那只是事物原貌。爲這一章打草稿時，我想不出什麼比喻能充分說明這一點。結果，夢想世界再度爲我解決問題。

在夢中我被黑白線條包圍，簡直有種幽閉恐懼症的感覺。畫面突然改變，如今我在線條之上，俯瞰著線條。我發現，身處斑馬群中時，由於斑馬緊緊靠在一起，我無法分辨出每一隻的輪廓，只能看到無垠的線條。但從上方俯瞰時，每一隻斑馬的輪廓登時變得明顯。這個夢的啓示是：即使一切看似兩極對立，黑與白、對與錯、好與壞，這表象不過是某一觀點的看法。從更高的制高點看，參照的標準就會全然改變。

日常生活的問題也一樣，經常以兩極對立的形式出現，例如和朋友意見不合時，我們常覺得「我是對的」、「他是錯的」。我們認同其中一端，對於支持另一端的人事物感到惱怒。要解決這個狀況，就必須跳脫上述標準的框架。爲什麼無法理解的事大都令我們覺得自相矛盾，原因即在此。我們認爲不合理，常常是由於還無從理解線條和斑馬其實是同一事物的兩個面向。

冥想的作用，是讓靜止進入腦海，如此一來更高層次、更開闊的觀點才能現形。我們堅信大腦能解決問題，但是當我們試圖解決現有典型以外的問題，大腦就成爲障礙，因爲所能思及的層面中**沒有**解決之道。難怪我們會鑽牛角尖，會想像事態可能怎麼演變，卻怎麼也找不到答案。

從更高的觀點，我們能看清問題根本不是我們想的那樣。這個觀點不是來自思考，而是來自靜止所帶來的放鬆意識；此種意識能提供我們更寬廣的角度以檢視生活。在我們的新藍圖中，歧異消失，矛盾變得非常合理。我們能看清之前無法辨認的事物。

心猿

佛教徒將心神不定的狀態形容為「心猿」。心思像猿猴一樣在樹與樹之間跳來跳去，一下吃這裡的水果，一下吃那裡的，結果一顆都沒吃完。冥想時，你的腦子也會做同樣的事，焦躁地從一個想法跳往另一個，直到你重新專注在呼吸上。我們通常不會察覺自己的存在狀態是如此，但冥想時一切會慢下來，慢到我們看得見行動的過程。

還記得我在導言中提及的那個夜晚嗎？我在床上看書時，突然覺察到儘管自己達成偌大成就、生產力高，卻以自動駕駛模式在過生活。那一夜之後，我只想保持心靈清明，更了解真正清醒時生活能帶來什麼體驗，而不是以自動駕駛模式匆匆忙忙地行事。我稍早體驗過，在一切失衡時放緩人生電影的速度，解決之道就會透過冥想浮現；但這回，我想將冥想完全融入日常生活，成為刷牙一般的習慣。

雖然多少有些尷尬，我仍決定參加附近一所禪修中心的課程。我不想跟「新世紀」（New Age。編按：起源於十九世紀末至二十世紀早期的一種靈修運動）有任何瓜葛，因此去電詢問課程時忐忑不安。接電話的女士是助理，她說我得親自和一位法師談談；她給了我一個電話號碼，並且建議我：「讓電話響一陣子，他們不一定會馬上接聽。」我問她原因，她說他們通常會傾聽一陣子鈴聲，那是修行的一部分。「對他們來說，毋需反射性地立即回應鈴聲。」她解釋道：「電話鈴聲不過是個不斷重複的聲音，應該體驗看看。」

我深受震撼。過去我從沒想過可以將電話鈴聲只當作一種聲音，而不是要求。我撥了電話，響了二十聲左右，但我以全新的方式聆聽鈴聲並耐心等待。接著，電話那頭傳來一位女子的聲音，非常溫柔但堅定，告訴我課程的時間、地點，以及應該有何期待。

上課那天我提早到禪修中心，上課前的短暫片刻，我到附近一座湖畔散步。就有那麼巧的事，我遇到一位客戶，她問我怎麼會在那裡。我像被催眠似地決定說實話，坦承要到禪修中心上冥想課。她絲毫不覺得無趣，反而興致勃勃地告訴我，她想學冥想好幾年了。我不再覺得彆扭，而且發現這個想更了解自己的欲望並不奇怪，一點也不用尷尬。

我仍清楚記得第一次去禪修中心的情形。事實上，該中心只是一間位於舒適住宅區的大房子。我首先注意到的，是建築物四周張貼的手寫告示，上頭寫著「花點時間體驗洗手」、「上樓梯時留意自己的步伐」，諸如此類。當時我認為這些提醒有點奇怪，但我也發現，試著照做時，能更清楚地意識到自己正在做什麼，並且對簡單活動的光彩（亦即活力）有了領悟。這是我第一次淺嘗到「現在」，並且開始了解，我們的活動乃是罩在當下時刻活力之外的面紗。

當晚包括我在內，大約有六名新生。我們跟著像是舊生的人安靜地進入三樓一個大房間，他們在地板上成排的黑色墊子上就座。前幾年我就體驗過冥想，因此有大致的了解，但是我想知道更多；我不確定自己做得對不對。腦子充滿疑問的我，挑了個位置坐下，並試圖熟練地盤腿而坐——這所中心的禮數顯然是如此；我沒看到任何椅子。

之前練習專注時，我學到要專注於手上的事，專注時腦子必須放空，別忙著歸類或評斷任何事物。藉由這個過程讓頭腦靜下來，你就能以全新的方式「**投入**正在做的事」；練習這項技巧一陣子後，新的做事方式就會充滿生命力。因爲一旦「心猿」靜下來，你就有時間和意識去體驗刻正擺在眼前的事物。

換你了

專注對抗歸類：現在環顧一下四周。不管你正坐在哪兒閱讀這本書——也許在捷運車廂裡、在公園的長凳上，或許是在家中的扶手椅上——抬起頭看看周遭環境。但是，先別急著說出看到什麼東西，只管領受環境的顏色、質地和特性。傾聽周遭的聲音，但只要原原本本地聽進去，不要做什麼聯想。倘若空氣中有氣味，聞一聞，就像頭一次聞到一樣。做個幾分鐘後，換一種方式檢視周遭環境，舉凡門、窗、植物、黃色樹葉、燈罩等等，將你看到的一切逐一歸類。

接著，在筆記本記錄這兩次經驗有何差異。純粹體驗事物和將事物歸類時，感想有何不同？關於自己和從事日常活動的情形，你能從這差異中學到什麼？你是否在進行哪個過程時遭遇困難？將事物歸類時，你真的體驗到眼前的事物嗎？

接下來的幾天和幾週，你可能得重複這個過程好幾次。愈能發展出放鬆的意識，你就愈能體會這兩種經驗的差異。

所有生活經驗都蘊含能感動我們的力量，但是，由於我們自以爲熟悉周遭環境，便不再注意看、注意聽、仔細觸摸、細細品嘗和嗅聞。這是另一種制約。我們自以爲身處同樣的環境，其實不然。當我們專注並將周遭環境視爲當下不可或缺的一部分，一切體驗都會是嶄新的。

當晚教導我們的法師，正是一週前和我通過電話的人。她不疾不徐地講解冥想的程序；她說，不管我們之前上過多少次課、冥想過多少次，把自己當作初學者時學習效果最好；在場所有人都是初學者，包括她自己。她又說，不管從事什麼活動，倘若你以初學者的心態去體驗，彷彿是初次接觸，就能眞正地學習和接收。但是，倘若你認爲自己早就知道、早就做過了，頭腦和心將會關閉，無法學習、接收，或從修習中得到滋養。

她解釋道，冥想的過程不過就是出席，不管是坐著、站著或正在走路，都保持警醒，並容許任何念頭浮現腦海，然後將之拋開。她說：「每個人都會有念頭，但不是『你的』念頭。」它們只是念頭，就像氣泡，你可以不附議、不認同，可以不受吸引，然後放任它們遠離。她說，學會拋開念頭需要練習，對一些人來說，專注在呼吸上很有用，能給頭腦思考之外的事情做。

大多數的人都會批評自己有念頭，但她也提醒我們，批評本身就是念頭。倘若你不注意念頭、不賦予意義，只是觀察、拋開，頭腦便會慢慢安靜下來，念頭與念頭之間就會出現空白。她繼續說道：「察覺這些空白需要時間，但只要經常練習，不抱持任何期待或目標，空白就會變得愈來愈明顯，而且不只冥想時感受得到，其他時候也可以。」她說，靜止就存在於這些想法之間的空白中，當空白愈來愈大，你就愈能投入生活。

做上一個「換你了」的練習時，你的內心或許有個活躍的批評者，不停地說你無法讓腦子靜下來，或是你早就試過但沒成功。若是這樣，你只要覺知到這些念頭或批評就夠了，但別當成是「自己的」，就像冥想時的做法。那只是個念頭，只要你不附和，即使不斷出現，你還是能重新體驗事物。彷彿有數千個廣播電台同時在播送，而大腦可以收聽任何一台。當大腦自以爲負責編排節目、自以爲這些想法都是**你**，問題便會產生。

聽到老師建議我們以初學者的心態接觸一切，我覺得幾分鐘前腦中所有關於正確性的問題和擔憂全都迎刃而解。問題並未全部煙消雲散，但如今我能將問題視爲與個人無關的念頭。我坐定開始冥想，脊椎打直，雙手放在腰部到膝蓋一帶。

接下來的半小時「禪坐」時間，腦海浮現許多念頭，但此時我能夠拋開它們，而且不擔心自己爲何有這些念頭，或是擔心腦子爲什麼靜不下來。光是得知每個人都會經歷這種自我懷疑的階段，得知自己也能釋放這種質疑，就大有幫助了。

在接下來數週的課程中，我學會以截然不同的方式體驗世界。我試著記住禪修中心鼓勵我們做到的專注。記得專注時，即使是做最熟悉的事，我也能感受到新鮮感。舉例來說：我一直很喜歡做菜，而現在每天煮晚飯切菜時，由於專注的關係，所有蔬菜都呈現驚人的顏色、質地，以及錯綜複雜的幾何圖形；就連我選擇將菜切成什麼形狀，也有了意義。我所投入的事情都變得豐富，對此我感到狂喜，很驚訝過往竟然如此虛擲。

這時，新藍圖眞的開始發揮效用。過去**自以爲**看到的事物，如今透顯出鮮豔的新色彩；我開始認識這些顏色、質地和花樣。看穿我們自以爲了解的事物並直指本質，「我」和「蔬菜」之間的界線消融了，使得我們沉浸在更高層次的境界中。專注體驗絕不會阻滯行動力，我切起菜來仍然很有效率，只是如今能看到整個過程都籠罩在鮮豔的色彩中。

每天下班回家後，我也一定會抽空冥想。雖然這干擾了例行公事，比方說我得掙扎著延後享用葡萄酒的時間，但我也實現了心願：冥想成爲生活中不可或缺的一部分。我誠心地許願，宇宙也回應了。冥想逐漸使我感受到靜止，少了冥想，我絕對無法拓展自己的理解。如今，我了解到冥想可以引導人靜心、不再沒完沒了地冒出念頭與想像。

像是要確認冥想眞的是我該做的事似的，規律冥想幾個星期後，我發現自己對亞硫酸鹽過敏，因此喝葡萄酒一定會導致嚴重頭痛。彼時我的生活支持著我的覺醒狀態，這種狀態很完美，但若由我自己決定，我絕不會選擇這麼做。

雖然我最終沒有成爲禪行者，也只去過禪修中心幾次，但我在入門課程學到的另一種體驗世界的方式，直到今日仍不時引領我探索專注，並維持冥想的習慣。倘若每天修習，這兩種技巧一旦聯手，將能強力扭轉個人狀態，其作用和宗教信仰非常不同。不管你有沒有宗教信仰，都能從這種修習中獲益，因爲專注和冥想攸關你和你的自我之間的關係；不管各自的信仰爲何，「自我」是我們共同擁有的。

找時間靜下來

讀到這兒，你可能想知道怎麼修習冥想。和最初的我一樣，許多人是因爲想解決眼前的問題而開始冥想，但就算沒遇到問題，冥想對你仍然有好處。你會發現，愈常修習，愈會得知冥想的其他好處：減少煩擾，認清該做與不該做，以及增加同步率。雖然每天抽出個二十分鐘就能冥想，感覺不難，但其實大多數人可能都做不到。生活中可能會出現種種障礙阻止你修習冥想，但你一定要了解，障礙只是錯覺。只要有心，就**可以**找到時間冥想。但是你必須**眞的**有心，允許你冥想的機會才會主動出現。記住瑪莉安對白玫瑰的單純喜愛，記住宇宙如何結合所有力量將白玫瑰送給她，你就會了解箇中道理。

你必須渴望獲得源自「現在」的明確性，才能接收宇宙的給予。你也必須留意主動出現的機會，才能追求你的渴望。假裝甚或用意志力強迫它出現，是行不通的，你總會找到藉口說自己現在不方便冥想，過幾天再說吧。但若你很堅決，一切就會改變，時機也會出現，雖然你未必察覺。

接下來的這則故事與抽空冥想無關，但會告訴你，當你準備好接受時，生活如何發生改變。大約四、五年前開始規律冥想後，我想參加一場冥想閉關活動，花更長的時間冥想。但是閉關爲期四週，我似乎不可能休那麼長的假。當時我正爲業主興建房子，這對夫妻花了一大筆錢，要求我全心全意打造他們的家，爲此我還排開了其他案子。我認爲這段期間要請四個星期的假是不可能的。

但我就是很想參加閉關，心裡納悶著業主會怎麼看待這件事。過了幾個星期，某天早上起床時，我確定了自己的渴望——我要參加。我不知道自己該怎麼做，甚至不知道業主會不會因此開除我，但我知道自己一定要去。我決定一到辦公室就打電話，告知他們我的計畫，並向他們道歉。到了辦公室，發現那位丈夫留言要我回電，我馬上拿起電話。我的打算還沒說出口，他就說他們夫妻倆每年夏天都會到威斯康辛州的湖畔住四個星期，問我房子的事能不能暫停四週，好讓他們安心度假。當他告知度假的日期時，我差點從椅子上跌下來——正是我決定要去閉關的日子。

這當然是巧合，但是，巧合不就是潛藏在意識下同步且和諧的時刻嗎？在這樣的事情發生之前，我們看不見那完美的和諧；事情發生之後，我們強烈感覺到自己參與的舞蹈有多麼強烈。就像送花的練習，每個人原本想像自己是個別的，要這個、做那個都有自己的理由，但是當潛藏的樂譜有片刻的顯現，我們便發現：世界比我們所能想像的更爲宏大，而且協調許多。當你眞正渴望某樣東西，當你更高層次的自我想望著什麼，生活就會提供你所需的養分。

想更加了解自己內心世界的人常被稱爲追尋者，但追尋之舉卻常常阻擋接收；我們的追尋會遮蔽、阻礙流動。如同愛因斯坦所言，我們只能尋求想像得到的東西，當然受限於自身當時的狀態。眞正的成長來自新鮮的觀點，因此我們必須放棄掌控，讓出現在生活中的事物教導我們。在這個階段，你能採取的首要步驟，就是開始定時冥想；這也是最強有力的步驟。放手一試，等著看會發生什麼事。

練　習

找時間和空間獨處

剛開始冥想或花點時間獨自靜坐時，營造不受打擾的環境非常有幫助。用不著找到「完美」的地點，若你有幸創造一個能隔音、漆上你最愛的顏色且擺滿你最愛物品的房間，就這麼做；若沒辦法，也毋需延後冥想——任何有經驗的冥想者都會告訴你，地點是次要的。經過一段時間後，整個生活會變成一場冥想，因此不管你待在哪裡，都是對的地方。

請注意，剛開始時，你在為自己創造一個較容易規律冥想的模式。若地點理想，你會更想去。若冥想時的安詳和寧靜令你覺得自在，你就會更想每天保有這段時間。在許多方面，你讓自己進入一個新的制約行為，就像訓練孩子良好的飲食習慣。

首先，你習慣每天在同一個時間冥想，一邊靜坐，一邊獲得各種冥想經驗。什麼都不用做，這些經驗會自然發生。靜坐時可能有一條腿會發麻，感到針刺般的感覺往上蔓延。你需要做的，就是觀察這項經驗。你可能會覺得自己輕如鴻毛，腦中閃過飄走的念頭。但那只是幻覺，只是念頭，只要任其消逝即可，就像對待其他想法一樣。你可能會看到星星，聽到或感覺到震動，或者察覺一個遼闊的空間。每個人都不一樣，每次靜坐也都不同，靜坐經驗沒有對錯的問題。有一陣子，我打坐時會全身顫抖，情況持續一、兩個月後就停了。

倘若我賦予這情況某種意義，可能會被嚇到，或者覺得自己很特別。但那都只是覺醒過程的一環，當你不再對發生在身上的事賦予意義，便能讓自己的甦醒自然流動。不管是在日常生活中或進行冥想時，每當你對某項經驗或事件賦予某種信念，你將會感覺流動受到限制。你永遠不知道自己會得到什麼樣的「資糧」，唯一要做的，就是品嘗，並且避免評斷新味道是好是壞。

冥想指南

我建議大家，一開始採用和我當初所學相同的程序。方法很簡單，但對大多數天生喜歡執行多工任務且過動的頭腦來說很有價值。我會教大家更多祕訣，但底下我們先溫習該怎麼做。

坐在墊子上，可以的話請盤腿，膝蓋碰觸地面；也可以坐在椅子上。脊椎打直很重要，因此要確定你的坐姿能讓你保持脊椎挺直。雙手放在腰部至膝蓋一帶，也可以放在膝上，接著閉上雙眼。冥想時得一直保持相同的姿勢，因此要確信自己相當舒適而且沒有駝背。

靜坐時，你會發現許多念頭浮上腦海。**沒在**冥想時，通常我們會依序跟隨一個又一個的念頭，對每個念頭做出聯想，然後傾聽它們所創造的故事；但此刻你得拋開所有念頭。**比方說你可能會閃過**：「我忘了有沒有鎖門。」與其繼續往下想（「我到底有沒有鎖啊？」「要是沒鎖門，搞不好……」等等），不如就任念頭通過，彷彿那是某個陌生人說的話。記住，這不是你的念頭，這是「那個」念頭，它在蒼穹中四處飄蕩，但在你營造的平靜內在空間裡毫無意義。各種念頭會不斷湧進，請都比照辦理。

頭幾次打坐可能不怎麼寧靜，因爲你正在拋開所有想法，而且偶爾會被一連串念頭吸引住，然後又突然察覺必須放下。事實上，冥想的過程中，念頭隨時會成形，即使冥想多年的人也一樣。但你愈是熟練，愈不會分神注意，慢慢地，念頭再也不會進入你的意識。許多冥想新手很受挫折，是因爲無法停止思考，你必須認清那不是重點。重點其實是停止被念頭**吸引**，別理會念頭想傳遞的訊息，就任其飄逝吧。

對某些人來說，知道這方法就夠了。但是，倘若你發現自己靜坐時需要一個注意的目標，就讓心思專注在呼氣和吸氣上，也就是讓某種無害的事物盤據腦海。倘若大腦想東想西的，只要拋開念頭，並將注意力重新放在呼吸上。就這樣。不用反覆誦念什麼，不用發出任何聲音，沒有任何特殊的呼吸方式，雙手、嘴唇、舌頭或眼球也不用非得怎樣才行。先盡量保持簡單和輕鬆。倘若你稍後想修習另一種冥想，無妨，但開始時先採取最簡化的程序。坐著，拋開所有念頭，毋需特定地點——**任何人**都做得到。

時間

設定一段靜坐時間，這麼一來，即使你想起身去做其他事情，仍能教自己繼續冥想，我建議剛開始設定二十分鐘。就像你訓練孩子吃飯時要坐在餐桌旁，你也能訓練自己待在原地，直到冥想結束。一段時間之後，你將看淸：時間到之前會想起身，是因爲有一部分的你無法體認冥想所帶來的養分。然而，只要規定自己坐著，那一部分的你會開始轉變，就像小孩終於學會吃完飯才能去玩。

倘若你覺得自己剛開始實在無法堅持那麼久，請慢慢來。第一個星期，每天冥想五分鐘；第二個星期延長爲十分鐘，第三個星期延長爲十五分鐘，最後調整爲二十分鐘——規律要比時間長短來得重要。藉由逐漸延長靜坐時間，你會發現沒有想像的困難，而且過一陣子之後，你會每天期盼著冥想的時間到來，因爲你從中獲得很大的滿足。

地點

練習沉靜下來的地點，有幾項基本條件：

- 比較安靜而且盡可能不受打擾的地點。倘若附近有電話，請拔掉電話線。倘若隔壁免不了會傳來噪音，記得準備一副耳塞。想方設法營造一處寧靜的避風港。
- 在你打算冥想的時段，隨時都能使用的地方。只要動動腦筋，住處狹小不是問題。有一位男士在更衣間裡爲自己弄了個小空間；還有人用按摩浴缸（當然，沒放水），浴缸的大小剛好適合盤腿打坐，浴室的門可以鎖上，因此不大會受打擾，此外浴室的氣氛舒適、燈光充足，很適合靜坐。其他好的選擇還包括主臥室某個角落，隱蔽或鮮少使用的房間。你甚至可以選擇坐在床上，但最好有厚實的座墊，身體才能挺直。

- 讓你擁有隱私的地點。維持規律修習最常見的障礙之一，就是擔心冥想時被人看見。一開始可能覺得尷尬，這只是因爲你還不適應冥想這回事，或是假定別人會認爲你很奇怪。恐懼是自己創造出來的，但在你徹底了解這點之前，最好選擇一個能保有隱私的地方。門若可以上鎖再好不過了，不行的話，簡單地放個三摺式屏風也行。

時間點

至於要在什麼時候冥想，主要取決於你。在你有較多的「氣」（亦即較多活力）

時冥想，絕對更好。假如你一天當中多數時間都要照顧年幼的孩子，或許可以早點起床冥想，或是等到孩子熟睡後。倘若工作常令你非常疲憊，上班前冥想會比回家後好得多。倘若身心都非常疲倦，冥想會困難許多，因爲身體容易打瞌睡，不易保持清醒。倘若你有幸在家工作，或許可以在白天挑個時間冥想，你可能會想選擇自己最活力十足的時段。

假如老覺得抽不出時間，你的個性中可能有「永遠靜不下來」的因子，要你不斷地做事、做事、做事，以致你一直沒機會**處於**當下，也沒機會停下來看看忙碌表象下的眞相。遇到這些狀況時，反駁那種觀念是很重要的，有幾種方法可以做到：

- 檢視你一天當中是否有任何時間需要等人或等待某件事完成：

  你每天坐在車裡等小孩放學嗎？

  你每天搭火車通勤嗎？

你在等洗衣機洗好衣服時，會喝杯咖啡嗎？

這些都是做爲沉靜時刻的好機會。

- 檢視你能否找人代勞手上的事，好讓你有幾分鐘空檔：

你是否有較大的孩子能幫忙看顧一下弟妹？

你能否每天和配偶輪流做早餐或孩子的午餐？

你能否每天和鄰居輪流帶彼此的小孩去散步？

這樣的分工合作，能讓人從目前已經排滿活動的時間中抽出空檔。

- 檢視你是否能重新規畫某些時段，移作他用：

你是否固定在某個午休時段和朋友或同事出去吃飯？

午休時間你是否繼續工作，因爲大家都如此，或者你認爲這樣能完成更多工作？

不管需不需要，你是否每天都用吸塵器清掃房子，因爲母親是這麼教你的？

每天晚上睡覺前你是不是固定看一個小時的電視？

你可以縮短甚或重新規畫花在這些活動上的時間，以騰出二十分鐘獨自靜坐。

一旦容許自己發揮創意來規畫行程表，將能找到時間獨處；之後你會認爲，這種時間不存在才是問題。

倘若你發現自己選定的時間常有緊迫的事得處理，使得你無法規律進行冥想，也許你挑的時段不理想，也或許你的個性在想方設法逃避冥想。如果你不確定原因，試試在別的時間冥想，看問題會不會改善。如果狀況沒有改善，幾乎就能確定問題出在你的個性。把這當成「你的內心需要更強紀律」的暗示。過去我也常得抗拒當下想做其他事情的衝動，而認淸自己有多像餐桌旁蠕動不安的小孩，能幫助我堅持下去。

計時器

剛開始冥想時，準備個計時器會很有幫助，否則你的「心猿」會一直想著：「時間到了沒啊？」用一般的鬧鐘當然也行，但是要把鈴聲調小一些，否則很容易就會打破你平靜的心境。還可以購買冥想鐘或情境音樂播放器，借助海浪、雨林等自然界的聲音平靜下來。我個人喜歡冥想鐘的聲音，因爲能平和地把我從冥想狀態喚回，讓我回到日常活動時仍帶著冥想時的平靜。

座墊

最後但也最重要的，是你冥想時使用的墊子或椅子：你應該先試用過不同形狀和尺寸的墊子，再做決定。我剛開始冥想時去的禪修中心有圓形蒲團（zafu），這是最典型的冥想座墊，許多人很喜歡，但我覺得坐起來不舒服。

之後我很幸運地買到一種形狀像回力棒的墊子，又軟又厚，能夠讓背部挺得很直，從而將身體部分重量分散到膝蓋上，這種座墊讓我可以一口氣坐上幾個小時。此外還有矮木凳，對無法盤腿的人效果很好。若上述選項都行不通，可以試試直椅背的餐桌椅。若是使用椅子，記住要挺直脊椎，不能翹腳，雙腿打直踩在地上。懶散地窩著或躺著，幾乎不可能有效地冥想。脊椎和地板形成正確角度非常重要。

對治分心

不管決定在何時、何地進行冥想，總有事情令你分心。但是記住，即使消防車經過你家、貓兒試圖爬上你的大腿，你仍能維持冥想。你可以將這些聲響、動靜當作現象來觀察，毋需注意。就像對治念頭一樣，自然地拋開。記住：是頭腦想把事情搞複雜。

現在，試試吧，看看調整環境來擴展意識的視野有多麼容易。

原則

隔層

分隔房間的牆，也可視爲區隔空間的隔層。有些牆是實心的，例如外覆牆板的立柱式牆；也可能薄得多，例如以柱列支撐的桁梁或玻璃滑門。以這種方式思考「牆」，得以看到各個垂直平面更多樣的可能性，從幾近完全開放到部分封閉，到半透明甚或透明。

房子各隔層的穿透性（permeability）和透明度不一時，所營造的感覺與一律使用實心隔層時截然不同。實心隔層的房子令人

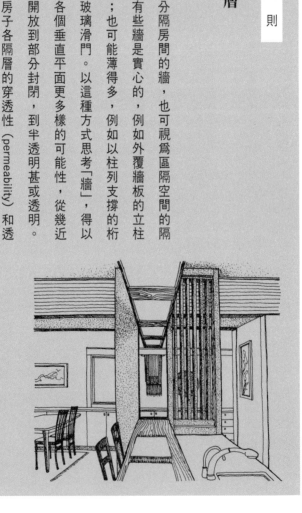

感覺狹隘，而且所有空間都是一個模樣，顯得了無趣味。相反地，有各式隔層的房子感覺比較寬敞而迷人，因爲空間感豐富許多。多變的隔層會顯現房屋整體構成之美，而不是將人封閉在所處的房間內。

生活中被我們視爲理所當然或習以爲常的事物，就好比房子的實心牆——不會妨礙我們執行生活的基本責任，卻無法激勵人心；眼睛所見，差不多就是你能獲得的全部。然而，當你開始透視日常生活的標準配置，人生的隔層將更具穿透性、更多元，也更爲豐富、更有層次。

舉例來說，也許你歷經好幾次裁員，以爲這就是自己的宿命，並且深惡痛絕。這相當於房屋設計中的一堵實心牆。但是，當你認清裁員帶來的可能性，並將它視爲追求興趣的機會而非屈辱，你的牆就不再是實心的——變成能拓展視野的半透明滑門，讓你得以看到人生的下一個階段。在這一章我們將會學到：當隔層具備穿透性，將能更清楚地看到生活的本質和屬性之間有何關聯。

9 完成施工階段

訣竅是領悟到掉在你身上的屎是肥料。

——朗・曼葛雷懷特（Ron Mangravite，美國導演）

是「問題」？還是「契機」？

我們已經準備好動手改造你的生活，每個整修過房屋的人都知道，這是最困難的一環。藍圖似乎夠清楚了，你也大致掌握到完工後的模樣，但實際執行起來，某些變更總是比原先以為的還要困難。了解「生活的內容和情節是制約模式所塑造出來的」固然很好，但萬一遇到制約模式已啓動，而你的個性又不願妥協，這時該怎麼辦？要如何將這些新體悟融入日常生活，以改變生活潛藏的動力？唯有執行新藍圖，轉變才可能發生。當你的關鍵因子被啓動，你全力以赴遵循藍圖，並面對所有的挑戰，一如改造房子的過程。

每一種改造都可能帶來重重壓力，因爲不管你多麼努力，興建期間都會覺得一切懸而未定，覺得控制不了整個過程。即使有很棒的工人，有建築師在現場監工並回答屋主的疑問，屋主卻最可能在這時沮喪起來。不管他們的「地雷」是什麼，都無可避免地會被引爆。討厭住家凌亂的人，每天將面對工地的灰塵和殘礫；希望一切照著計畫走的人，每次檢視進度都會發現工程與藍圖有落差；想幫忙工人而且熱情款待他們的人，將發現對方工作時自己會被請出屋外。改造翻修絕對會引發這些制約行爲模式，也正是這些問題，嚴重阻礙你過更豐富、更滿足的生活。

當我和屋主共同作業時，會讓他們爲這些意外插曲做好準備。當你進入改造生活的施工階段，我的建議也一樣：當你開始將新體悟付諸實現，請準備好面對生活中某些令人意外的反應。它們會挑戰你，但只要堅守新藍圖，你將發現改變確實發生了。你也將看到改造後的新生活方式，逐漸從看似固定的日常情節中透顯出來。而當你處理過程中的挑戰，將能第一手觀察到整體的轉變。就像改造房子，一旦抓到竅門，觀察和參與生活改造是很令人興奮的事。

然而，你必須隨時留意，不能**強迫**故事情節改變。情節之所以改變，是因爲你努力改變制約模式，而非改變人生電影劇情。在上一章我曾提到：「我們的追尋會遮蔽、阻礙流動。」停下來反省片刻：你花了多少時間，努力讓事物如自己所預期地進行？大多數人隨時都在做這件事。我們甚至未經思考就這麼做了，因爲堅信若自己不努力，一切就不會發生，我們會永遠陷在眼前的困境中。這是共識現實的基本原則：唯有強迫，才有改變。

但事情並非如此。

爲了了解這一節所要談的概念，請列出你生活中事態大幅好轉的一些時刻。也許你獲得新工作；也許你結婚並搬到遙遠的城市居住；也許你到國外住了一陣子；也或許你和某個人培養出穩固的友誼。寫下這些劇烈變動後，在旁邊分別註記是什麼造成變動。以新職爲例，也許你意外被裁員，因而被迫找新工作；或者你一直在找新工作，後來原公司某個職位出缺，雖然跟你原本要找的工作內容不同。

寫完之後，檢視哪些轉變原本就在你的計畫中。你會發現，生命中的重大轉變大都發生在最意想不到的時候，絕非按照你的計畫實現。這很令人吃驚。我們總是假定自己掌控一切，並全心全意相信「若不努力，就不會有好事降臨」，但事實恰恰相反。每一刻都會發生改變，那是我們長久以來察覺和體驗到的無可避免的結果。怎麼做都無法改變這一點，但我們的努力經常減少了生活所能發生的改變。每當在生活中看到一個「問題」，我們常會抗拒這種流動，而且不願接受。我們努力讓一切如同自己的預期，而不是接受事物眞正的樣貌。

當然，**有些時候**你必須讓自己脫離危險，例如躲開掉落的物品或迎面而來的汽車，你會發現根本毋需思考，身體能自動產生反應，你的行動其實是在那些環境中受到驅使而出現。雖然我們可能事後諸葛地將這些情境分門別類爲各種問題，其實在那個當下，事情只是自然發生，而你的反應完全在所見事物的流動之中。經歷的時候或許不怎麼有趣，卻是絕對的自發，絕對的當下。

說到「問題」，我想到自己爲一年一度的國際建築展準備的「房子不用大」展示屋，並沒有完全依循原訂計畫。原本應該用模型技術建造展示屋，但因爲沒有溝通好運送和組裝費用，我的團隊在佛羅里達州奧蘭多市橘郡會議中心停車場完整組裝房子的夢想將無法實現。總之原因是：費用太高，而我們沒足夠的時間籌到更多錢。

爲此，這件案子的主要工作人員聚在一起開會，商討對策。我們可以完全放棄，或是延到隔年再展出；若是選擇後者，我們將有更多時間安排好一切。沒有人希望落到這步田地，有些人因此很氣餒。但是，倘若我們只將這狀況視爲問題，並且責怪自己（或彼此）想得不夠周全，就無法開放心胸接受接下來的事。我問：「我們想藉由這件案子表達什麼？」有人回答：「呈現未來的房子可能的建造方式與外觀。」

「我們非得用完整組裝的房子來示範嗎？」我接著問道：「能不能只用已經運到停車場的三、四箱模組件（房子縱剖面），當作展覽的基礎材料？」幾個月前我們拜訪過模型工廠，深知房子所有架構全攤在地上時多麼令人瞠目結舌。這次展覽，何不就帶給參觀者同樣的感受？

大家沉默了一會兒，然後異口同聲地說：「好點子！」「太棒了！」五分鐘後，我們全了解到這種展示方式其實比原訂計畫有效率得多。

計畫很可能再次生變，但我談這件事的重點在於：每一刻事態都可能生變，而用什麼角度看待轉變，將對我們的生活品質有重大影響。舉例來說，倘若我們爲了大幅降低成本，轉而建造較簡略的房子，或者大夥兒每天工作十八個小時，逼迫自己趕出作品，將會如何？對所有參與者來說，結果不會令人愉快，而且更顯失敗。

倘若團隊中有哪個人因此抓狂或惡言相向，絕對想不出這個新點子。倘若有哪個人質疑其他工作人員，對他們不放心，就沒有人會考慮這個新點子。但是，只要把當時的狀況視爲契機而不是問題，一切就此轉變——對所有人都是。如今我們要做的案子有了重大改變，卻成爲正確的選擇，而且達成所有參與者的目標——只是做法調整了。

某件事是不是問題，取決於你怎麼看。透過新生活藍圖更寬廣的角度和觀點，你會看到自己的問題變成半透明，可以看穿。如果你花費時間硬要使事物符合預期，那麼只要不合你意，就會變成問題；但若坦然接受任何當下發生的事，並且願意投入其中，那就**沒有任何問題**，只有生活經驗。這不代表所有生活經驗都是美好的，但只要能接受事物的原貌，你將發現自己的人生經驗變得迥然不同。因爲你活在當下，全心投入此時此刻發生的事，沒有成見，不認爲非得怎樣不可，不會努力過頭，一切事物都能幫助你成長。

辨認幫助內在成長的養分

生活中的大小事件都是某種糧食，能幫助我們更了解自己。抗拒這些食物，就好比挑食、不吃蔬菜的小孩。不吃蔬菜還是能存活，但吃有營養的食物能長得更好、活得更健康。「經驗」的效果也一樣，是要幫助我們成長的。大多數人相信：倘若生活方式得當，生活中所有事件都應該很好、很正面。因此當事情出乎意料，我們會認爲出了差錯，並且一定要加以修正。倘若我們能自行決定什麼對自己最好，可能會整天吃冰淇淋和巧克力蛋糕。

倘若不管生活中所有事件是甘、是苦，還是苦樂參半，我們都視之爲養分呢？想像一下你的挫折感會減少多少。你的狗咬了鄰居，或是你的孩子回家時擦傷了膝蓋，毋需爲此大動肝火，毋需評斷。這些就只是生活事件，而且已經發生了。擺在你眼前的是已消逝的時光產生的結果，你對造成那一刻的狀況感到苦惱，合理嗎？阻礙流動的主要障礙，是你自己對正在發生之事的反應和想法。你能否開始察覺這點？

你的狗咬了鄰居，該怎麼做？鄰居找上門來，要求你教訓教訓這條狗。你試著安撫他，並爲發生在**他**生活中的慘事道歉，這時，請觀察自己的反應。你有什麼感受？有人想對付你鍾愛的狗，讓你感到恐懼嗎？擔心怒氣沖沖的鄰人搞不好會告你？沒有察覺自己的寵物四處亂跑，你覺得愧疚嗎？鄰居遭到你的寵物攻擊，你感到心痛和同情嗎？狗兒再次掙脫，是否令你異常憤怒？鄰居的極端反應教你生氣嗎？

你可能會有各種情緒反應，而每一種都能讓你更清楚自己。首先，觀察你的反應。你會不會反射性地表現出自我防衛、憤怒、批評或同情？只要仔細觀察自己和當時的狀況，便能即時看到那些反應如何影響你的生活品質。

當鄰居因爲你的狗而怒氣沖沖地出現在你家門前，唯一要做的就是聽他說，然後當下做出反應。你所有的念頭和恐懼都是幻想出來的。你無法預知未來，但只要能處理當下發生的事（而不是想些有的沒的），並試著控制你的生活以阻止那些情節發生，將能活在當前這一刻，活在「現在」。讓我們惹上麻煩的是自己對正在發生的事做出各種解讀，而種種解讀根本沒能反映眞實狀況。當你看清箇中道理，整個人生就會開始改變，因爲你再也不會認爲放眼所及都是問題。反之，你將會看到眞正存在的事物，以及眼前該做的事。

令人遺憾的是，我們常浪費大量精力去回應已成過去的事。許多人長期不滿現狀，奢望著另一種狀況。幾年前，我親眼目睹一位朋友的男友因不斷撥錯電話號碼而抓狂，當時他想贏得一個 call-in 節目的獎品，第十、二十和三十名撥電話進去的人能獲得免費門票。他撥了三次，每次都因爲太心急而撥錯。第一次撥錯後，他對著「蠢」話機大吼；第三次撥錯後，盛怒的他猛力將電話摔到房間另一頭。他無法理性看待事情，看不清令他受挫的並不是電話。

「反應」是制約模式和思考不清的產物，應該要警告我們有濾鏡罩在現實之上。因某些情況而暴怒，就好比那個對著「蠢」電話破口大罵的男子。你有這樣的反應，是因爲認爲事情不該如此。你想要個人電影中的一切按照**你的**方式進行，而這些事不配合，於是你憤怒、苦惱、受傷，或是產生其他情緒反應。

下一次，當你的心中湧現其中一種反應，把它想成能幫助你更加認清自己的糧食。這沒有好壞；只是顯示有東西阻止你看清眼前的事。而藉由探索自己的反應，你能發現濾鏡，從而排除讓你只能看到問題（而非生活內容）的障礙。當你單純觀察正在發生的事，感受該感受的，處理當下需要處理的，你將會發現：其實一切都沒問題。

只不過，改變自己一貫的做事方法並不容易，因爲制約行爲模式會瞬間展現其威力，尤其在高度緊張的狀況下。所以深呼吸一下，給自己一點空間，提醒自己狀況並沒有「如你個性所說的」那麼緊迫；此外，留意一下（例如）當你只是傾聽時，會發生什麼事。或是，當你對看似有威脅性的人表達同情，看看接下來狀況會如何發展。

要了解：答案沒有對錯；要知道：只要你對某個狀況的反應改變了，就可能牽動另一個人對你做出不同的反應。給自己選擇新反應的機會，你便能體會現實與事情的流動。你會逐漸了解自己的反應和恐懼所形塑的想法如何造就生活內容，了解自己因而阻礙事態的流動，也了解那是不必要的。生活的底下，蘊藏著成長的可能性，倘若堅持以單一方式解讀生活，你會對生活視而不見。只要學會觀察，並拿你的電影劇情做實驗，你就能重新訓練自己，將大部分的時間和精力放在糧食上，而非粗淺的內容上。

「工作頭腦」對抗「思考頭腦」

我最喜歡用「工作頭腦」（working mind）形容面對當下現況的自發性反應，這是作家兼導師拉瑪許・巴爾謝卡（Ramesh Balsekar）發明的說法。工作頭腦沒有任何包袱、成見，也不會在事後妄加猜想。一旦你發現自己正在計畫如何應付某個狀況，或一連串事件可能造成的結果，你就是在用「思考頭腦」（thinking mind）——相信現實該由自己安排。使用工作頭腦時，一切都簡單許多，因爲它不做計畫、不做預期，也不做無謂的想像。它只處理眼前要做的事，因此工作起來容易得多，也輕鬆不少。

或許忙完一天回家後，你會覺得周遭環境快令你無法招架了。令你覺得筋疲力盡且受挫的，不是狀況和互動本身，而是你對它們的反應和想法。在第八章關於冥想的討論中，我提到不該賦予冥想中發生的事任何意義，同樣的建議也適用於清醒時刻。只要不賦予一整天發生的事任何意義，思考頭腦就無用武之地，你的人生電影會平靜許多。

我舉個例子說明思慮占據腦海有多麼快速、多麼鬼祟。某日，朋友兼助理瑪莉和我約了一群朋友晚上七點在我家聚會，瑪莉去商店時，我請她順便幫大家買點心。因爲我的制約行爲模式是「擔心麻煩他人」，我大概說了：「也許你可以順便買點水果或者什麼的，大家休息時就可以一塊兒吃；看看有沒有你喜歡的再買。」因爲不想太麻煩她，我的用字遣詞讓她覺得買不買點心都無所謂。瑪莉到了商店，因爲不記得我說了「或者什麼的」，只看了看有沒有她喜歡的水果。沒有她喜歡的，於是她什麼也沒買。

聚會前半個鐘頭我打電話給她，確認她是否買了點心，她說沒看到什麼喜歡的。我聽了很不高興。我倚賴她幫我這個忙，她怎麼可以擅自決定不買東西？（注意，我是立即而且無意識地對她「沒買東西」這件事賦予自我認定的意義。）

我相信瑪莉聽出我的沮喪，而她認識我夠深，心知肚明我即使生氣也會和顏悅色且看似鎮定。她回答：「大家到你家之前**應該**先吃過東西了。」這句話在我聽來是：「大家不該餓著肚子來參加這樣的聚會，因此我決定不買點心。」但瑪莉眞正的意思是：「旣然聚會訂在晚上七點，他們可能都已經吃飽了，因此不會有人介意沒有點心。」她用了**應該**這個詞，而我們倆以截然不同的方式解讀。

有沒有發現？即使這兩個人已經訓練過自己了解「你才是最重要的」，仍能因爲對一個詞的解讀互異，而覺得遭到評斷，產生強烈的防衛心。當時我沒怎麼意識到自己被瑪莉惹惱了，答道：「我覺得你那句話聽來像是在規定大家**應該**怎麼做。」指出瑪莉將自己的觀點強加在人們身上，而不是接受事物的原貌，我自己的濾鏡正在找理由支持「瑪莉是錯的」，因爲我覺得委屈。

瑪莉很快反駁：「聽來像是你在規定我**應該**怎麼做。」照例，我試著安撫她，以避免爆發正面衝突。我告訴她不用擔心，我家有一些洋芋片可以給大家吃。她也軟化了些，爲沒買點心而道歉，並說在來我家的途中會買點東西。「不用了，」我告訴她：「別擔心，有洋芋片就行了。」對話到此結束。

但我們一掛上電話，彼此都對剛才的互動感到不安。我發現自己無法釋懷，不斷地想著「看來不能仰仗她代我處理事情」、「她怎能擅自決定大家該不該吃點心？」這種想法是警訊，顯示我們不接受事物的原貌，試圖爲自己的立場辯駁。還看不清楚濾鏡在哪兒時，我們已經在透過濾鏡觀看一切。只要有人惹你不快，你就進入思考頭腦，被想法和評斷淹沒。問題出在想法，而不是對方的行爲。

我決定用拜倫・凱帝（Byron Katie）的傑作《一念之轉》（*Loving What Is*）中描述的技巧，破解對瑪莉的話所賦予的意義。凱帝藉由簡單的「問問題」，讓你在評斷他人的行爲時，能立刻認清自己是如何和現實爭辯。在準備問凱帝敘述的四個問題時，我寫下自己對瑪莉行爲的主要評斷：

我不能仰仗她代我處理事情。

凱帝的第一個問題則是：「眞是這樣嗎？」不，不是。瑪莉非常細心，她總能確實完成我寫在月曆上密密麻麻的行程。我能夠仰仗她，這次狀況只是例外。

倘若第一個問題的答案並未立即讓我明白，自己的評斷是無的放矢，我會繼續問凱帝的第二個問題：「你有全然的把握那是眞的嗎？」再三確認的用意，在於當你更仔細檢視某個狀況，會發現自己原以爲的事實只是想像，不是眞的。

第三個問題很棒：「當你相信那個想法時，會作何反應？」當我自以爲瑪莉靠不住，便心情很糟。我很難過，覺得自己不但失去一位很珍貴的助理，也失去一位朋友。倘若堅信自己不能倚賴她，事情就會成眞，我也將付出極高的代價。倘若繼續不相信她，很多現在仰賴她幫我完成的事，就得自己做，此外還會失去一位摯友。不信任瑪莉、不仰仗她，我的世界將有一百八十度的轉變，我也會覺得寂寞無依。太糟糕了。

接著，最後一個問題帶來釋懷：「不這麼想的話，你會變成什麼樣子？」只要捨棄「瑪莉靠不住」的想法，我最好的朋友、最信任的助理就能回到身邊，我也將繼續與她共事，不再懷疑、擔憂她可不可靠。

凱帝這套「看穿假想」的簡單方法還有最後一步，就是回過頭將剛才的想法用在自己身上。既然「你才是最重要的」，你對他人的想法，說穿了其實就是對自己的想法。因此將那些評斷用在自己身上，就成了「我不能倚賴自己處理我要處理的事」。說得對極了。由於舉棋不定，我經常拖延很多事。我自己也常像瑪莉那樣，認爲沒什麼東西派得上用場，因而毫無進展。

上述過程的重點是：你能看清自以爲該如何評斷，並看清你所下的結論都是自己想出來的。你會發現，可以選擇不相信這些想法，使你大幅減輕生活壓力。

有趣的是，瑪莉一到我家馬上把我拉到一旁，爲了對我防衛心那麼強而致歉。她說，她發現自己誤解電話中的部分對話，但當下沒坦承，而是爲自己的行爲辯駁；當她把「應該」的矛頭指向我，她也很氣自己。我則告訴她，我問了那四個問題。最後我們開懷大笑，開玩笑地說「人類能融洽相處眞是奇蹟」。

看到一件事能這麼快演變成天大的誤會，著實令人驚訝。只要執著於故事內容，而非潛在的動力，你將永遠處於日常生活反應的渾沌中。這是思考頭腦對我們的影響，後果不是很好。我們身陷自己一手打造的悲慘監獄，唯一的脫逃方法是了解自己所見有多少是眞正存在的。實行新藍圖時，這一點會愈來愈清晰。

思考

「思考」是非常強大的工具，但也僅此而已。當思考者認清他們遠比想法本身更爲「豐富」，思考就很有用。然而，當思考機制開始掌控全局，也就是說，當我們認爲自己**等同於**我們的想法，並且認同思考機制本身，問題就來了。

腦海浮現某個念頭，不表示就得認同它。意識中漂浮著各種念頭，就好像氣泡礦泉水裡頭有無數的氣泡。每天，而且一整天，地球上無數的人腦海中都閃過「我太胖」、「我不夠好」或「我被人遺棄」、「我注定失敗」等念頭。這些念頭不屬於你、不屬於任何人，一旦了解這點，你就會認清自己毋需相信，只要任它們自行消逝即可。

這種體悟能帶來非常大的解放感。你並不是你的想法，想法**只是**想法，就像諸多不同頻率的廣播電台，都不是眞正的人。你可以轉到某個電台聽一下，然後轉動旋鈕改聽另一台，注意各種不同想法如何催化出雪片般的個人聯想。

換你了

試著只想一件事，並且不做任何聯想。比方說，想著「樹」。會發生什麼事？閉上眼睛一分鐘看看。

你也許會回想起幼時的一棵樹，連帶回憶起許多事。你也許會想到自己認識的各種樹名，或者想起數年前曾讀過一棵樹的成長過程。但是，你絕對無法只想著「樹」，因為這個字會引發無數聯想和回憶，甚至在你並未察覺的情況下塑造每一個清醒時刻的經驗。我有位朋友甚至認為自己討厭樹，因為曾有一棵樹倒在她的房子上——這項練習可能會令她心情變差。但那種情緒反應來自她過去一個武斷的聯想，而她持續認同這個聯想，認為自己等同那個想法。那只是一個想法，只要她願意，就能放下。

當思緒紊亂而且沒從更寬廣的角度觀察時，想法對我們的影響就是如此。我們一直被灌輸要認同浮現腦海的念頭，並相信念頭反映了部分的自己，於是一再身陷念頭引發的情緒中，不了解是**我們**在塑造自己的生活內容，不了解導致生活這麼不自在的正是自己。美國政治漫畫家華特・凱利（Walt Kelly）筆下著名的漫畫人物波哥（Pogo）有一句睿智的名言：「我們遇見敵人了，他就是我們自己。」

你同樣可以拋開令你起反應的想法。最好的方法之一是進行我們之前提及的一些練習：培養觀察員來觀察自己的行爲；定期冥想，以建立拋開念頭的本能反應，並學會不要認同念頭。在本章結尾的練習中，你將學到更多方法。

平靜訓練

平靜是一種心境，也是一種存有狀態。唯有內心獲得平靜，你才能看清什麼是眞正存在的，看清沒有什麼是錯的。**任何事**都沒有錯，之所以看似有錯，不過是因爲我們心緒混亂，認爲事物應該如何如何。這觀念很難理解，但一旦開始理解，你將發現改變世界的唯一方式，就是改變自己。你就是**世界**。

眞正有意義的事物，其實就潛藏在我們所見及生活情節的底下，但我們抗拒正在發生的事情時，是無法了解這點的。改造生活的新藍圖，則讓我們得以看到現狀的其他面向。

我們絕對無法讓眼前所見的事物完全靜止、平靜，至少在脫離二元性之前是不可能的。我們所見的一切，是一個持續過程的具體呈現。我們對這觀念最熟悉的說法是牛頓第三運動定律：對於所有作用力，都有一個大小相等、方向相反的反作用力。名氣較小的科學家、神祕主義者華特・羅素（Walter Russell），稱之為「給予」（giving）和「再給予」（regiving）。事實上，一切事物永遠處於平衡狀態。波浪起伏只是表面狀況，在波浪底下的是平靜。

多年來我在辦公室牆上貼了一張表，標題是「內心平靜的徵候」。雖然朋友剛送我這張表時，我知道自己無法完全實現表上描述的特質，但我覺得它絕對能激勵我、指引我。在此我和各位讀者分享其內容：

內心平靜的徵候

- 思考和行動是出於自發的，而不是為了回應過去的經驗所引發的恐懼
- 能夠確實享受每一刻

- 對於「批評他人」失去興趣
- 對於「批評自己」失去興趣
- 對於「解讀他人的行爲」失去興趣
- 對於衝突失去興趣
- 失去擔憂的能力（相當重要的徵候）
- 經常對諸事滿懷感激
- 滿足於與他人、與大自然產生關聯
- 經常露出微笑
- 愈來愈傾向放任事情發生，而不是促使事情發生
- 愈來愈容易接受他人給予的愛，同時忍不住將愛再傳出去

如今，這張表對我的意義更勝以往。當我們了解四處流竄的念頭和聯想是無意義的、非人的，了解事物表象徒然阻礙我們成長茁壯，刹那間，表上所有「徵候」就會出現。**沒有**哪件事是錯的。既然世界的共識現實觀點是「我們正在趕赴地獄的途中」，這種體悟

讓人以驚人的全新角度看待一切。

但是，停下來想想：萬一所有事都完全沒錯呢？萬一所有波折、打擊都只是要讓我們醒悟自己眞正的本質呢？

有的人一聽到這兒，立即會提出異議。世上的災難和痛苦怎麼可能**不是**錯誤？這項觀念值得更仔細檢視，因爲所隱藏的祕密能幫助人們以新的方式面對逆境。

衝擊與敬畏

通常，最艱苦的環境會帶來最大的成長，因爲其中蘊含內心成長所需的最高等級養分。發生慘劇時，你的防備、你適應生活的方式，都會唐突地橫遭剝奪。記得二〇〇五年卡崔娜颶風肆虐後，美國墨西哥灣沿岸居民臉上的表情嗎？記得在二〇〇四年南亞大海嘯中倖存的孩童眼神中的絕望嗎？還記得二〇〇一年九月十一日，當你在電視上或親眼目睹飛機撞進世貿中心時，有多麼無法置信、多麼驚恐嗎？記得看著那兩棟摩天大樓倒塌的超現實經驗嗎？對每個人的生活，那樣的衝擊都會帶來戲劇性的影響。人們開始懷疑，自己是不是眞的想換更大的房子、想要薪水更高但通勤時間更長的工作。與家人和其他摯愛的人相較，那些事物突然變得微不足道。

面對這種悲劇時，我們變得赤裸、脆弱而迷惘，不確定自己到底是誰。我們就如同新生兒，赤裸地面對一切，再也沒有什麼事來界定或限制我們。我們別無選擇，只能重新來過。雖然這令人極度痛苦，卻也使我們能以嶄新的方式在生活中稍事喘息。

重大衝擊能使人在一瞬間完全了解所有存在的無限與單一性，這在心靈文學中稱爲「宇宙意識」（cosmic consciousness）經驗。現代的艾克哈特・托勒（Eckhart Tolle）和過去的威廉・布雷克（William Blake）、惠特曼（Walt Whitman），都曾描述他們突然間深切了解宇宙內在運作的經驗。他們無法解釋過程或原因，事情就這麼發生了，通常是拜某一突發事件所賜，完全摧毀了過去我們用以界定自己的熟悉機制。

雖然這種現象非常罕見，而且無法刻意促成，但較小的衝擊的確隨時會發生在任何人身上。通常我們怨恨這些衝擊，不知道它們是設計來令我們覺醒的。每一次車禍、每一次身體受傷、所有個人損失，以及摯愛之人死去等等，都是沉痛的呼籲。宇宙在告訴你：「別再渾渾噩噩度日了！看看自己是怎麼過活的，看看你現在的狀態，這眞是你想要的嗎？這是眞正的你嗎？」當然，大多數人都會極力否認：「不！」每當發生這種事，不用多久你就會發現自己**不僅**如此，只需稍微修正方向，就能實現更多潛能和更多的自己。

重大衝擊發生一、兩週後，通常我們會忘記遭逢巨變當下的體悟。那種經驗彷彿屬於另一個世界，內容如此陌生、面目模糊，我們往往無法持續相信。我們記不住，無法在腦中拼湊原貌。但是，只要留意生活是怎麼傳遞訊息的，問問自己生活中需要做哪些改變，便能將這新體悟保留得稍微久一點。愈是抵抗生活的激勵，這些激勵就變得愈迫切。你只能盡可能地保持全心投入正在做的事，並且注意生活對你有何要求，如此便能迅速學習和成長。當你以爲自己懂得比較多，決定將訊息擋在門外，不願意停下來自問「哪裡出了問題」，而是迅速跑回生活邊緣，你將發現生活中充滿更多類似的障礙。

請記住：試圖藉由思考去理解，一定會卡住，最後落得更加困惑。要能眞正理解，就得透過工作頭腦，也就是「直接做你眼前該做的事」。但是，怎麼知道哪些事該做呢？睜開雙眼，完整並嶄新地體驗當下時刻，然後做當下要求你做的事。沒有哪個答案是對的，從這觀點來說，你做的任何事都是對的——因爲那實際上是你正在做的事。現今常見的說法是：「就是如此。」(It's what is.)

當你試著要想出做什麼才對，你用的是思考頭腦。認為事情不是對、就是錯，這暗示著倘若選錯答案你就搞砸了。但其實沒有「搞砸」這回事。不管你選擇做什麼，都會引發一連串生活經驗，讓你繼續深入了解自己；無論發生的事是愉快還是悲慘，全都蘊含讓你成長的養分。你是迷失在表象裡才會試圖決定對錯，然而，自我了解的養分不在表象中，而是蘊藏於巨大海平面下的平靜。

放心，你需要的訓練將自動出現，你只需留意，此外毋需再耗費任何精力。就像伍迪·艾倫（Woody Allen）的名言：「百分之八十的成功都來自『在場』。」不過我會將比例提高到九十九，剩下的百分之一，留給生活中無以名之的神祕。

當下的信任

這過程中有項成分我尚未說明，但此時極具重要性，就是「信任」。剛到這世上時，我們全心相信，但信任卻隨著時間改變。

還記得我養的貓生了一窩小貓時，我親眼目睹這種信任遭到腐蝕。前四週，六隻小貓看起來有同等的信任感，而且一樣可愛。後來有一天，當中全黑的那隻小貓不小心掉出棲身的紙箱之外，不知道跑哪兒去了。牠沒發出任何聲音，因此母貓似乎沒注意到牠不見了。我四處尋找，卻怎麼也找不到那隻小貓，直到當天深夜，我聽到積滿灰塵的爐子底下傳來哀怨的貓叫聲。我用掃帚將小貓給勾出來，讓牠回到明亮開闊的空間，但這次經驗已對牠造成永久創傷；牠再也沒有信任感。

在那之後，當其他五隻小貓瘋狂地在屋裡亂跑，小黑貓會獨自坐著，年幼時的經歷，使得牠的生活態度迥異於手足。當時我認爲這是壞事，其實未必，純粹是生活態度不同而已。

讀到這裡，你可能會想起生命中第一次令你失去信任感的事件——對大人、對朋友或是對周遭環境失去信任。這種事每個人都會遇到，但請謹記：那些事不能代表你。你仍是發生那些事之前的你。你只是受到衝擊，從而改變了體驗生活的方式。但這衝擊也能幫助你成長，讓你成爲今日的你。我們太習慣將事情分出好、壞、對、錯，以致很難完全理解經驗並不能界定一個人。經驗，不過是你的人生電影過往的一幕，是回憶，而非此時此地發生的事。當你能認清這一點，便能重新和原始的信任建立連結，並且相信不管發生什麼事，永遠有人支持你。之所以知道這一點，是因爲此時你仍在這裡、仍在體驗生活、仍有體悟。體悟永遠不會消失——至少在你清醒時不會。

小黑貓也沒有遭到遺棄。幾個星期後，一位女士領養了牠，她很快便喜歡上這害羞的小傢伙，而且深知怎麼把牠哄到身邊來。那一幕眞是令人感動。她們立即喜歡上彼此，確認對方是自己的絕佳伴侶。倘若小黑貓未曾掉出紙箱，牠和那位女士的命運可能不會如此交會。

任何事情的發生都非巧合。就如同送花練習所揭示的：凡事背後都有一種不可思議的精心安排，絕非我們所能控制，而唯有認清這點，我們才能完全恢復信任——再也不會認爲事情不該發生、不會計較怎樣才對，而會主動尋找萬事萬物所蘊含的禮物。事情正在發生；這才是最重要的，你只要相信「這一刻包含你所需的一切」。也許那不是你想要的，但永遠會是你需要的。

做你眼前該做的事

這時，你可能已開始明瞭自己無法控制生活中的事件，而改變生活經驗品質的唯一方式，是你的參與以及你對成長的興趣。你可能會問：「眞有那麼簡單？」眞的。

我記得自己完成《房子不用大》最後的修訂當天，手邊的事兒只剩下等書出版——預計在六個月之後。不用說，我的心思隨即轉向待辦事項清單的下一項，就是預先籌畫宣傳活動以確保有好銷路。一個星期後，我和朋友、也是我的老師珍一塊兒在美國西岸旅行，我們開車穿越太平洋西北岸籠罩在霧中的綠色田野和森林，她告訴我接下來的事並非由我決定，我只需要回應發生的事；她說我不該在書出版前就安排宣傳活動。

這做法十分違反直覺。我總認爲，倘若不努力宣傳自己的作品，這本書會一直沒沒無聞。珍看出我的侷促不安，於是建議我做一項功課。她說等書出版時，我有機會好好觀察當我們不介入、不去掌控過程，宇宙會做多麼完美的安排；她要我把宣傳的聯繫工作和計畫留給其他人代勞。珍解釋道，我唯一需要做的，是回應任何自動找上門的事。比方說，倘若有記者打電話給我，我當然應該跟對方交談並回應所有提問。但是我不該打任何電話或寫任何信，通知任何人書已出版。我深呼吸，慢慢消化她的話所帶來的衝擊。

接著事情就發生了，我感覺自己慢慢地不再擔心要如何做好宣傳工作。那感覺簡直就像身體負擔減輕，未曾意識到的千斤擔從肩上卸下。雖然寫書大概是我至今做過最大的冒險，雖然我自認投入很多心血，但那一刻內心有某個東西退讓了。我知道珍給的功課正是我需要的，只要虔心遵守，自會發現事情以驚人的方式發展。之後，我整個身體都因興奮和期待而炙熱燃燒，但再也不覺得恐懼，也沒有刻意努力。我只需爲了接踵而來的一切人事物而「在場」。

之後的發展簡直是奇蹟。書出版後幾個月間，透過各種管道得知這本書的陌生人、記者、朋友和客戶不斷帶給我驚喜，他們常在相關網站告訴我自己的故事，我絕對想像不出那一年發生的事，更不用說刻意安排了。事實上，倘若我對珍的建議充耳不聞，試圖**促使**事情發生，我很確定自己只會創造障礙阻撓事件的自然流動。此後，我更加確切了解到：你所需要的，都會主動呈現在你面前。只要遵從生活的激勵，將能爲自己的發展提供最營養的養分。

不過，這種領悟的副作用之一，是可能會對做很多事失去興趣。「做那些事幹嘛？如果需要的一切都會自動出現，我只管放鬆就好啦。」嚴格來說，那是眞的。但是，宣稱什麼都不用做，還是出自你自身的制約模式，這模式眞正說的是：「我是生活中的一個角色，以此觀點來看，我什麼都不必做。所以我打算就這麼辦。」你會這麼說，顯然表示你沒有獲得啓蒙，體驗內心平靜的徵候不代表什麼都不做，而是代表做你眼前該做的，並且在做的時候別懷著許多的困惑和包袱。

改變隨時會發生

在本章開頭，我描述了展示屋計畫轉變成一項展覽，展示如何用模型科技建造「不用大」的房子。但轉變不止於此；每一刻都是嶄新的一刻，意指事物會以最意想不到的方式轉變。

在我們提出突破性的想法後不久，模型公司的人打電話來，表示即使只展示模組件而不是整棟房子，他們也不想繼續執行案子。因爲即便工作量減少，他們公司仍須做好所有安排，慎重考慮後，他們認爲時間太趕。他們知道可能一切順利、案子可能會很成功，但也有可能不會，他們不想冒這個險。

宇宙決定要建造什麼或要不要繼續時，完全不是我們掌控得了的——你見識到了嗎？不管我們對這些狀況多麼沮喪、多麼苦惱，結果並不會改變。我們今年將不會有展示屋案子，只能莫可奈何。因此我們沒有花費力氣心煩，而是進行損害控制，打電話向贊助商道歉，原本計畫參與的幾家公司雖然失望，也只好接受事實。他們都非常支持我們。

我不全然了解計畫爲什麼生變，但這次經驗卻使我領悟：事物會轉變，倘若堅持要得到特定結果，可能會阻礙生活中潛藏的成長機會。也許有這個原因就夠了，但我認爲不只是這樣。每當發生這種狀況，重點不在解決疑難，而是活出問題，並且敞開胸懷準備接受所有行將發生的事。

寫這一章的結尾時，我正準備啓程參加二〇〇七年的國際建築展，我的團隊位於停車場的位置被用來展示一間眞正的「不用大」組合屋，面積只有十一坪大。建築師瑪莉安・庫薩托（Marianne Cusato）與其團隊將之命名爲「卡崔娜小屋」，提供美國聯邦災難防治署（Federal Emergency Management Agency）在標準活動房屋以外的另一種選擇，並示範重建密西西比三角洲和墨西哥灣沿岸的更佳方式。命運的安排使得此事成眞，並實現一種新想法來取代我們對臨時房屋的過時思維。

我不知道在自己生活的這個面向，接下來會發生什麼事。這會是展示屋案子的結束嗎？或者是類似案子或迥異案子的開端？每一刻都會產生無數可能，而每一個可能性都有潛力締造大量生活經驗。事物的發展絕不會只有**一種**模式。所有可能性都存在於意識中，而來此體驗每一刻所發生的事的我們，正因為每一次的變化而成長。

練習

「我不是那個念頭」

這項練習很簡單，每當你發現自己甩不掉某個念頭，並且會接著聯想到其他事情，你就告訴自己：「我不是那個念頭。」這需要練習。雖然理智上你可能了解這個過程，但是當你正處於某種反應中，此舉將嚴重考驗你專注參與的能力。即使練習多年的人也會掉入陷阱，忘記所有能幫助他們保持客觀的事物。

挑戰在於分解外在經驗和內在經驗。當你一直有某種念頭，花上片刻觀察發生了什麼事。出現這念頭時你有什麼感受？一直這麼想有何意義？你以前曾一直這麼想嗎？你是怎麼開始這麼想的？會如何演變？這些問題的解答，都能提供你成長的養分。你的所有想法，都潛藏著能用來了解自身的事物。

多年前，我首度參加冥想閉關，老師告知大家接下來的四天會花很長的時間打坐。雖然老師鼓勵我們偶爾在中心內緩速散步，但也指示我們要將其他運動量減到最低。當時一名年輕女子立刻表示反對，她說她每天至少要慢跑一個小時。老師不疾不徐地解釋接下來幾天她不能慢跑，但女子仍強烈抗議。顯然她就是認爲「每天必須慢跑至少一小時」，認爲自己應該那樣；少了那個想法，她無法想像自己會變成什麼模樣。

我們全都有類似的想法；但實在太內化了，我們甚至不知道這些想法的存在。然而藉由觀察生活中哪些事會引起你的反應，將能根除某些觀念。

問問自己：「我認爲自己在哪些狀況下才能正常生活？」例如，你認爲早上一起床後不來杯咖啡或茶，那天就提不起勁嗎？還是，你認爲每天午餐時間不工作，就無法完成所有職責？或者，你認爲睡前要看一小時電視，才能夠平靜地入睡？

找出兩、三項諸如此類的狀況，針對每一項問問自己：「一開始我哪來這樣的想法？」「我爲何相信這是眞的？」然後找個方法，測試每個想法或觀念是不是眞的。

倘若你確信早上要喝杯咖啡身體才能「啓動」，停個一、兩天看看會如何。你可能會發現，少了咖啡因，你的世界仍舊會運轉——那不是生存的必需品。倘若你認爲午餐時間一定要工作，找一、兩天的午餐時間遠離辦公桌，看看你的生產力會不會大幅滑落。倘若你無法想像少了談話性節目怎能平靜入睡，試著在睡前一個小時關掉電視，看看結果會如何。除非做新的嘗試，你永遠無法檢驗自己的觀念，而這些觀念會繼續界定你的生活。

關於限制生活經驗的想法，你還可以自問：「關於我自己，我認爲哪些事是眞的？」

某個朋友自認很不會搭配色彩，每當家裡要裝潢就會徵求我的意見。某日我指出她服裝顏色的搭配總是很大膽、很出色，她才了解到自己**能夠**配色，而且其實很愛配色。稍事探討這種想法的根源時，她發現她母親選擇顏色時總是很猶豫，結果她也變成這樣。此後，她選擇色彩時更加大膽，而且再也不需要我的建議。如今她的公寓色彩鮮豔，更能表達她的個性，而且讓她更有家的感覺。

另一個朋友總認爲自己身心耗弱，爲了探究是不是眞有這麼回事，他決定去上自我防衛課程。他驚訝地發現，自己不僅非常喜愛這項課程，還發現他比自己想像的強壯許多。駁斥原有想法後，他的生活在許多方面都改變了。他再也不認爲自己是軟腳蝦，並開始參與各種原先絕無可能的活動。如今他最愛的休閒活動是攀岩，過去他絕對不會想做這種運動。更重要的是，他的行爲模式也改變了；上次我們共進午餐時，我注意到這項改變。他仍然敏感、體貼，但也更堅定；在問過我之後，他決定爲我們倆點餐——過去他可不會這麼做。

只要有一丁點懷疑自己某個觀念或想法可能不是眞的，你就應該明確地加以檢驗。你會發現你以未經檢驗的限制囚禁自己，阻礙自己體驗人生諸多經驗。我們的思考和信念確確實實造就了我們，因此只要改變或擺脫那些想法和信念，就能改變生活經驗。對於自己可以做什麼、不能做什麼設限愈少，生活就愈能教我們了解自己，我們的經驗也就愈形豐富。

倘若有什麼念頭引發你的反應，或是在腦中縈繞不去，經常做此練習一段時間，你將爲自己的成長茁壯奠定環境。漸漸地你將發現，充塞腦袋的大量想法再也不會在不經意時來煩擾你——你仍然有想法，只是不會糾纏不休，你也不會賦予它們特殊意義，不會去幻想還未發生的問題。這就是「內心平靜」的眞諦——不受不斷冒出的想法侵擾，因爲它們不是**你的**想法，它們**就只是**想法。

原則

樣式與幾何學

當某種樣式運用在碩大的面積上（例如平的天花板），會將表面切割成小碎塊，使得大表面更清晰可見，賦予空間人性的感覺。

美國許多著名的歷史建築物，重要的設計元素就是採用幾何樣式輔助表達和裝飾表面。例如萊特（Frank Lloyd Wright）的大多數建築，都點綴著靈感來自大自然的幾何圖案，出現在彩色玻璃窗、地毯，也常用於裝飾性混凝土板和木刻上。

許多建築師都從大自然汲取靈感，這並非巧合。仔細觀察任何自然形式或系統，

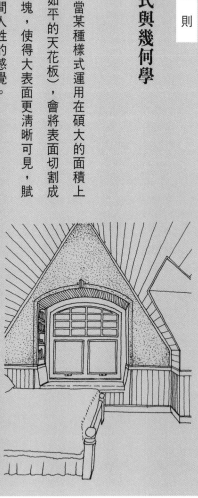

就會發現舉目所見都是幾何圖形。切開小黃瓜，你會發現裡頭的圖案是三個一組；研究紫羅蘭，你會發現每朵花都是由五片花瓣構成；研究百合，你會發現百合花是由六片花瓣所組成。舉目所見，都可以看到由幾何圖形所組成的事物。

我們的生活同樣屬於自然體系，人的行爲模式也有類似的規則。在工作日，大多數人會在固定的時間起床；每天早上和晚上大約在同樣的時間吃飯；每晚以同樣的模式讓身體準備好就寢。檢視熟悉的例行公事會發現，我們倚靠這些模式滿足生理需求，使我們得以正常運作，並讓一整天顯得井然有序。

「生活不用大」有一些額外的模式——必須排進生活的另一種例行公事，其用意在於確保改造後的優點能持續下去。如同花的成長模式決定其幾何結構，也如同我們的日常例行公事提供架構讓身體得以茁壯，這些行爲模式將提供一組架構，讓我們繼續追求自己的眞正本質。這一章將講述構成慣例的規則。倘若你學會將這些規則完美地整合到日常生活中，你的潛力必定能開花結果。

10 搬進「不用大」的生活

你眞正喜愛的事物有更強的拉力，
讓這股力量靜靜地拉著你。

——魯米

不斷提醒自己

搬進剛改建好的新家時，一般人總會非常興奮。雖然空間大小在改造前後並無二致，但如今有了新面孔、新感覺，住在這個新家一定會非常愉快。

然而，倘若你將時光快轉一、兩年，看改造後的住家如何改變你的人生，許多人都會驚訝地發現：舊的生活模式又捲土重來了。雖然空間的設計已經改善，也許穿梭於各個房間變得更加方便，也許整個空間更形寬敞，但人們很容易恢復過去的生活方式。你可能對房子改造後的新外觀視而不見，卻恢復往日舊習。

建築師經常在藍圖中圖解改造的部分，爲的就是讓屋主更了解他們的環境。他們可能會在窗戶旁邊安排一張座椅，早上在這兒看報時可以眺望美麗的花園；他們也可能在廚房餐桌區安排一個位置，讓人可以從屋子的一角沿著對角線望向另一角；他們還可能在彩繪玻璃窗上發揮巧思，讓晨曦能直接透進屋子裡來，使得起居區域充滿反射的彩色光線。當屋主體驗眼前的所有設計，可能會突然感受到某種狀態有了改變。這是我們在第七章探討過的「體驗專注練習」應用在建築上的版本。

改造後的生活一定有類似的提醒裝置，提醒你注意日常事件和活動並非如表象所示。不管你多麼了解前面幾個章節，你都會忘記這是你的人生電影，只有當你全心投入正在做的事，你才能擔當這部電影的導演。這一章提供一些建議教你如何保持清醒，不只適用於你搬進改造的新生活之時，而是這輩子都適用。

投入的五大規則

當你搬進改造後的新家，爲了充分利用所有改變，你必須建立新的行爲模式。例如：倘若你在家庭娛樂室的窗戶邊設了張座椅，你可能會在每天早晨啜飲第一杯茶或咖啡時，坐在那裡眺望花園幾分鐘，好平靜地展開一天的生活，而不是像往常那樣匆匆忙忙地開始。窗戶旁的座椅支持這種新模式，因此能扭轉你展開每日生活的方式，影響所及不只是早晨時刻，而是一整天。但是，唯有當你**使用**窗邊的座椅，才能達到這種效果。

「不用大」的生活也一樣。爲了充分利用至今讀到和了解的，你必須開始將理解融入日常生活方式中，否則改變將無以爲繼。有些過「不用大」生活的基本策略**的確**能促成最大的成長，因此接下來我將介紹一些簡單的工具，你一定要學會自然地運用。如此一來，藍圖將繼續輔助你的生活，讓你發揮更大的潛力。

一、追隨你的熱忱

「投入」的第一條規則，是找出你所熱中的事物，並且實際從事；這就是喬瑟夫・

坎伯鼓勵人「追隨極樂」背後的眞義。當你熱中於某件事，你的心和靈魂會更加投入，做起事來也會更具活力。不一定要是能賺錢或別人認爲有價值的嗜好，你才能追求。這是**你的**生活，**你的**嗜好。透過它，更能體驗自身眞正的本質，你純粹是爲了享受它所帶來的喜樂而從事。唯一阻礙你探索的，就是你自己。

世上許許多多偉大的發明，都是出自熱中研究某件事的人，而且他們通常沒有機構或資金的贊助。想想居禮夫人（Marie Curie）和她所發現的鐳；想想達爾文（Charles Darwin）和他對生物的著迷；想想愛因斯坦如何憚精竭慮思索相對論——這些人，都熱忱地投入研究之中。

每一種物理法則各有成立的條件，卻無法放諸宇宙皆準，愛因斯坦稱得上是孤獨地尋找能統合所有物理法則的理論。過程中，他不僅要克服每天發現的科學法則的錯誤，還要克服自己的誤解。但是他內心深處**清楚**知道有更多領域值得探索，也深知只要堅持下去，深入的見解就會浮現。對這項主題的熱情讓他專注研究多年，終於獲得回報。

愛因斯坦發展相對論時觸及的事物，也促成了他對生活的各種體悟。以下就是他說過的名言：

- 「就算持續得再久，眞實依然只是幻覺。」
- 「直覺是唯一有眞正價值的東西。」
- 「當一個人能跳脫自己，才能眞正開始過生活。」
- 「有時候一個人會爲免費獲得的事物付出最大的代價。」
- 「沒有宗教根據的科學站不住腳，沒有科學根據的宗教是盲目的。」
- 「武力無法維持和平；唯有相互了解才能促成和平。」
- 「我們無法藉由和製造問題時相同的思維來解決問題。」
- 「最重要的是不要停止質疑。好奇心之所以存在是有原因的。」
- 「當數學法則應用於眞實，法則就不明確；當數學法則明確時，就無法應用於眞實。」
- 「我們能以脆弱的心靈察覺到無上聖靈在微小細節間的示現，而對祂的謙卑崇敬，構成了我的宗教。」
- 「我們能體驗到最美的情感是神祕，那是所有眞正藝術和科學的力量。無法體會這種情感、再也不能在敬畏中感到驚嘆和狂喜的人，和死了沒兩樣……他的雙眼是閉上的。」
- 「人類是我們稱爲『宇宙』的整體的一部分，是受時間和空間所限制的一部分。他感覺到自己、想法和感覺各行其是，這是意識的一種錯覺。這種錯覺猶如牢籠，使得我們執著於個人欲望以及對少數親近之人的感情。我們的任務是藉由擴展自己的同情心，擁抱所有生物和完整、美麗的大自然，好讓自己脫離這個牢籠。」

下面這句話，當年掛在普林斯頓大學愛因斯坦辦公室書桌的上方，我曾在前面的章節中引用過：

- 「並非所有重要的事情都能計算，也不是能計算的事情都重要。」

上述見解，顯然出自對生命中真正要務有深刻見解的人，他在這方面的見解，甚至遠超乎在他生活中扮演極其重要角色的數學和物理學。對理論的追尋使得他有了更偉大的發現——幾個世紀以來，這是許多大師、聖人和神祕主義者試圖促成的目標。然而，這發現無法寫成方程式，是一種重要但無法估算或量化的事物，只能被活出來。要將它活出來，最有效的方式之一，就是追隨你的熱情探索，去探究神祕背後的意義。

換你了

回想童年、青少年或成年初期，你對自己懷有什麼夢想。你最喜愛做什麼事？你最擅長什麼？你知道自己成年後會做什麼工作嗎？你有嗜好或最喜歡的活動嗎？花幾分鐘把想到的全寫下來。

現在，你必須了解追求那些事還不遲。也許你較年輕時想像的形式必須略作改變，但倘若你對某件事充滿熱忱，有志者事竟成。只要留意自己熱愛什麼，追求的機會就會出現。

二、清楚表達企圖，然後放手

「投入」的第二條規則在某些方面並非必要，但若能適當使用，就能成爲旅途中非常有用的工具。最近常有人提到念力的力量，念力是指集中意念想著你想要達到的結果，有助於實現想法。困難處在於：此刻的我們，無法想到任何容許自己突破眼前障礙而成長的事物。我們只能依據現有的和已知的，想像各種變化。阿瑪斯有一句話貼切形容這種狀態：

念頭只能孕育它自己的本質。

我們設定的念力只可能來自自己現有的範例。想到設定念力的過程時，我常想起這首歌：「主啊，你何不送我一部賓士車。我的朋友都開保時捷，我得進步一點。」雖然歌詞是玩笑，卻指出念力常見的誤用。就像第三章所言，我們對奢侈品的欲望通常是意義和滿足的替代品。若要探索不完整的感覺，我們可以表達企圖，而非願望，你可能會這麼說：「幫助我了解自己的價值、了解我透過生活可以達成什麼成就。」這種企圖不會限制答案的形式。其開放式結尾容許體悟出現，並擴展視野、超越小我，進而擴展我們對自己的了解。

因此企圖能幫助你成長，卻完全無法幫你像擠牛奶一樣從生活中得到特定事物，例如賓士車、優渥的新工作或纖細的腰部曲線。事物的運作方式不是這樣的。雖然你能將意念集中在某一件事，甚至偶爾眞的令它實現，但只要你的企圖沒有這種開放式結尾的特性，人生就不會發生任何有意義的改變。你可能得到賓士車，但仍舊無法了解自己的價値，因此仍會覺得不完整，然後不斷想要新的物品。

我在美國公共廣播電台伊拉·葛拉斯（Ira Glass）的節目《美國生活》（*This American Life*）中聽到一則很棒的故事。受訪者是一位年輕女孩，她曾是「大河之舞」（Riverdance）的歌手，這個成功的舞團將愛爾蘭民族舞蹈轉變成令人熱血澎湃的娛樂節目。她說，有一回樂透彩金累積得非常高，舞團團員決定集資購買，有幾個團員就買幾張。他們認爲自己會贏，然後大家一起分彩金。他們對設定企圖一知半解，只是教導彼此絕對要相信自己會贏得彩金，絕不能有絲毫懷疑。

有趣的是：他們全都決定贏錢後要辭掉「大河之舞」的工作，用彩金做自己眞正想做的事，比方回學校念書、買房子等等。在每個人的願望背後，你會發現他們渴望自己的人生往哪個方向轉變。受訪的年輕女孩承認，雖然他們的表演廣受全世界歡迎，但繼續參與這項表演其實是很大的挑戰，因爲他們已經跳同一齣舞碼無數次了。

這位年輕歌手說，樂透開獎當晚，全團表演時全沉浸在狂喜中。所有團員都認爲那一夜他們將贏得大獎，從此擺脫千篇一律的生活。他們唱歌跳舞的當兒，所有人都知道那是他們有史以來最棒的一場表演。表演結束時，觀眾瘋狂鼓掌。

在這件案例中，他們集資購買的彩券一張也沒中，起初所有人都很難接受事實。他們太篤定自己會中獎，以致無法相信自己**沒有**中。他們仔細核對彩券號碼，希望是自己搞錯了。但最後只得承認，他們的念力並未奏效。看來乳牛拒絕被擠出牛奶。

但眞是如此嗎？看看那晚發生的事：團員的確獲得他們渴求已久的解脫，至少在那場懾人的表演中是如此。藉由集體的企圖，他們超越了舞碼形式本身。當他們視之爲最後一次的表演，之前無法改變的千篇一律，對團員來說卻變得嶄新而充滿活力。因此他們**的確**滿足了自己眞正的渴望；但因爲原本的念力只放在中獎上，導致他們看不出來。

若你學會以開放式結尾的方式看待企圖和結果，可能會發現**確實**得到自己要的。只是它和你想像的形式不一樣，但更符合你眞正的需求，而且更適合幫助你成長。

年輕歌手顯然深受那場表演感動。整場表演中，她和其他團員都充滿生氣且全神貫注。這樣的時刻會改變人生，我想對舞團中許多舞者來說，確實有這種效果。

生活的藝術

我發現，過去二十年來我經常表達的企圖是「教我」。這源自內心深處，是一種衷心的渴求，我想學的並不是學校的教育，而是更能改變生活的利器。我想學習生活本身。記得這種渴望剛出現時，我讀了一本書——艾瑞克·佛洛姆（Erich Fromm）一九五六年初版的《愛的藝術》（*The Art of Loving*），後來我才知道這是經典名著。雖然現在已記不得書的內容，但記得讀完後發現，書中描述的愛的藝術，差不多也是生活的藝術。

自此之後，生活中的一切都是在回應我對「學習盡情生活」的企圖，而那也是促使我寫這本書的原動力。我成為生活的學生，回顧過去，發現愈來愈多的經驗都是在回應我的學習欲望。看到那些著作意外闖進我的生活，看到巧遇一些人後找到了我的導師，還看到教導我發揮更多潛能的狀況——這種過程很完美，而認清這點令人心生敬畏。

讀完佛洛姆的著作後不久，我開始經常和當時的妹夫交談，我們倆都在探索某些相同的問題。每次交談的重點都是他腦中最重要的問題：「如何才能好好過日子？」我感覺腦中不斷想著這個問題，試著找出答案，卻未浮現任何想法。「如何才能好好過日子？」

我曉得自己不知道答案，但我想知道。我發現，當你緊抓著一個問題或企圖，線索便會自動出現。我了解自己正開始品嘗潛藏在事物底下的可能性。

接下來是亞倫・瓦茲（Alan Watts）的著作《注視靈魂》（*Behold the Spirit*），這本書讓我了解自己始終深知內心對生活的熱情，並一直將之視爲靈性的自我，但我覺得自己沒有權力承認，因爲我並未參與任何宗教行爲。瓦茲的著作讓我了解內心經驗是眞實的，而且不需要任何宗教體制來確認。

後來我在廣播上聽到一段訪問，談到榮格所創、名爲「主動想像」(active imagination)的技巧，這種技巧是透過一個人的夢研究其內心世界的各種面向。在挖掘隱藏和受抑制的生活經驗及其造成的制約時，主動想像非常有用。這段期間，我的內部視野主動現形並接受檢驗，宛如奇蹟。數個月後，甚至明顯感覺到自己某個更高層次的部分、更寬廣的意識角度，正對當時的「我」說：「好，我們很高興你在傾聽，如今我們可以眞的開始教導你。」我逐漸了解：倘若我以學生的眼光看待生活中所有發生的事，一切事物都可能教導我。一旦我開始以那種眼光觀看，功課便會不斷湧現，而且速度很快。

但我並未自行安排或努力讓這些事發生，並未決定接下來該讀哪一本書或聽哪個廣播節目，我只是任由事情自然發生在我身上。聽起來或許沒什麼，但事物的確是這樣展現的。爲了某種原因，我沒去找答案，我只是投入送到我門前的事物，而我需要的一切，似乎就從「投入」中湧出。只要抱持眞誠的企圖，你所需要的就會在正確的時機出現。

聚焦在你想要的，而非你不想要的

關於企圖，我有個小小的警告：倘若你以否定句陳述一個企圖，例如「我不想愛上三十歲以下的人」或「我不想讓小孩上安親班」，奇怪的事就會發生。你會發現你不想要的事不斷出現，這是因爲你把焦點放在「不想要的」，而聚焦本身引來反應。當意圖中**不想**的部分消失，你便將句子中的主題拉向自己——在上述的例子中是「三十歲以下的人」和「安親班」。這是塑造你生活的關鍵機制之一。當你發現不想要的事物不斷出現，檢查看看你是否正在做這種無意識的否定聚焦。

多年前教我的繼子騎單車時，在這種機制的運作上，我學到很棒的一課。前夫剛拆掉兒子單車上的輔助輪，我們決定帶他到空停車場練習。他已經能取得平衡，但還在學習操控方向。幸好除了中央有一支路燈外，空曠的停車場上沒有任何障礙物。當他在柏油路面上練騎，我丈夫開玩笑地警告：「別撞上路燈就行了。」

你猜中了。努力討父親歡心的孩子，一定在腦海中不斷重複最後那幾個字。「別撞上路燈就行了，別撞上路燈就行了。」他繞著路燈騎，愈騎愈近，近到肩膀簡直輕拂過燈柱，然後哐地一聲撞了上去，摔倒在地。爲了企圖**不要**撞上，他把焦點全放在路燈上。

每當你不希望某件事發生，請把焦點放在正面的企圖上。因此，與其說「我不想愛上三十歲以下的人」，你可以說「我想愛上超過三十歲的人」。或者更棒的是，你可以探索一下爲何不想愛上較年輕的人，並完全改變你的企圖，改成「我渴望成熟的伴侶關係」或「我想和願意更了解自己的人在一起」之類的。

甚至這些企圖也會受到限制，因爲它們仍跟你自身之外的事物有關。最有效率的企圖，是對自己內心某樣東西的渴望。渴望成熟的伴侶關係，說到底是「你渴望自己成熟」。因此在這個案例中，你或許決定抱持簡單的企圖：「我想了解自己眞正的本質。」當你接收宇宙傳達給你的每個回應，單單這句話就能帶來巨大的轉變，而那些回應也不會被目前有限的視野所侷限。

不要推繩子

有這麼一句諺語：「不要推繩子。」繩子用拉得很管用，但試圖推繩子會徒勞無功。渴望和企圖也一樣。倘若你將企圖的種子撒在生活的肥沃土壤上，過程雖然緩慢，種子與生俱來的生命力一定會促使企圖發生。但是，倘若迫使種子開花，你會殺死它們。萬物各有其生長季節。

這能幫助我們以更寬廣的角度來檢視這種動力。想像地球繞著太陽轉動，或月亮繞著地球轉。我們知道這些週期有特定的長度，而且非常固定。我們知道人類的妊娠期大約是九個月，不管母親多希望胎兒快點長大，都不可能加快。我們的渴望也一樣，必須歷經自然的生命週期才能開花結果，你唯一能做的，只有設定好環境，然後別擋路。因此在日常生活中，要注意自己是否在推繩子，一旦發現，馬上停止並打消念頭。不想擋住自己的路，這是最有效的方式。

我在前面提過，要不要使用企圖端看個人選擇，確實如此。即使自己沒有任何企圖，生活仍將穩定提供你成長所需的糧食。但大多數人不相信，沒有我們的指揮，事情仍能自然發生。因此，倘若你決定用企圖來領導對內心世界的探索，就讓這企圖簡潔、眞誠一點，而且更接近渴望，而不是想要某項特定事物，最理想的狀況是能邁向更高層次的自我。如此一來，你將爲成長眞正的需要設定好環境，而且完全不強迫、不操縱、不安排。試試看，結果一定會令你驚嘆。

換你了

在筆記本中寫下過去幾年曾浮現腦海的企圖。有沒有以否定句陳述的，例如「我不想……」？至今，各個企圖的結果為何？

倘若最近沒有任何明確的企圖，你有沒有任何渴望能直指內心真正的欲望？一旦找出企圖或欲望，挑出你認為最重要的，找出方法擴展陳述企圖的觀點。當你這麼做時，努力讓企圖與自己產生關聯，而不是冀望別人或別的事。

現在先到此為止，下一章，你將學習如何利用記下的事物，來觀察回應企圖時出現的機會。

三、順從狀況

每一種狀況都包含我們成長所需的糧食和肥料，但要認淸這點，唯一的方法是順從所有面臨的狀況——在不修正或壓抑的狀況下，盡全力投入發生的事，並處理所有反應和判斷。我剛領略到這麼做有多麼重要時，就被它的強度給震懾住。多年來，我一直自以爲是順從生活的模範生，但我突然了解到：唯有在我滿意現況大致的方向時，才會表現出順從。

當某件正在發生的事含有正面衝突的元素——也就是我的關鍵問題，我就會自動加以漠視，判定有更好的方式去進行。在我大部分的成年生活中，只要覺得有可能讓某人生氣或沮喪，我就會避免在那一刻表達自己的感覺。即使我眞的想或眞的需要說什麼，也會修正自己的措辭。

例如從事建築工作時，有幾次我需要直接表達個人的狀況，但我卻避免這麼做，直到事情愈演愈烈。回想起來，我很驚訝自己並未理解每一個狀況對我的要求，但當時並未意識到自己正在逃避。我只是覺得事態每下愈況，最後得做的，就是一開始不想做的事。看著狀況屢屢變得無比棘手後，我開始認清這個模式的梗概：

1. 有人做了或說了會讓我有所反應的事。
2. 我在內心判定，說出我的反應會惹對方生氣。
3. 我修正自己的反應，使用不會惹惱對方的措辭。
4. 對方因此無法了解我的反應。
5. 對方繼續相同的行爲，也持續引發我的反應；我則繼續淡化自己的反應，仍試圖避免衝突。
6. 狀況循環不已，直到缺乏眞正的溝通致使他人捲入紛爭。
7. 我終於了解：比起直截了當說出想說的話，拐彎抹角會造成更多麻煩。
8. 令我害怕的溝通終於達成，我們也終於恢復交流。

這裡的問題在於：我很早就有話要說，但是拖了很長一段時間才眞正說出口。因此最後出口時導致的緊張和不安，遠超過當下想說就說的狀況。這可能也是否定企圖的例子。就像我繼子和路燈，我把焦點放在不想要的情緒衝突上，結果是更大的衝突，只是延遲發生罷了。

如今我知道：每當我對某件事或某人有反應，必須加以探索，才能找到並駁斥潛藏在狀況底下的觀念。這才是順從生活的方法。你無法馬上認清所有反應和模式，明朗化需要時間。但你可以持續仔細檢視生活表面下發生了什麼，並且在當下的每一刻對你的要求保持順從。你將日漸善於改變眼前的狀況，善於發揮自己的潛能，而且不會老是阻礙自己的發展。

當你第一次清楚看到自己某種行爲模式，很容易相信你已融會貫通自己所見。你認爲那種模式不會再發生；或者認爲就算發生，你也能保持客觀。當初我了解自己逃避衝突的模式時，就是這種感覺。但彷彿怕我得意忘形似的，今天早上出現一個爲我量身打造的實驗。我坐在後門廊和好友班聊天，討論他事業上的繁複細節。幾個月來，他試著改善某部分的生產流程，卻一直無法順利解決某些問題。聊著聊著，問題似乎愈來愈清楚，然後我感覺到接下來的話可能會惹他不高興。但有趣的是：我慣常的修正功能並未啓動，在沒有預先審查的情況下說出我要講的話，而話一出口我的恐懼就實現了——他

的確被我的意見惹惱。

過去，我通常會認爲他的反應證實了想到什麼就說什麼是不安全的。但潛藏在這項「證據」底下的是：我相信任何人都不該惱怒；而我逐漸了解這觀念既不實際，也不健康。這回我看到自己想對班道歉，有股衝動要去補救。但是我並未依據制約模式行事，只是坐著，感覺到不自在、尷尬和恐懼。班結束談話並且走開，我感覺好像被丟在那兒。我突然發現自己願意做任何事，只求不要再有現在的感覺。

當然，你對類似狀況的反應會不同，且視你想改變的制約模式而定。你的模式也許跟我的例子正好相反。無論如何，重點是：就算你早已認清這些模式，仍會不由自主地身陷其中。

倘若我沒有呆坐在那，任由所有不舒服的感覺湧現，就不會深刻感到被班給遺棄。班離開後，我仍得陷在那種情緒中，才能眞正體驗以往一味逃避的事物。想順從某個狀況，就得這麼辦。你必須在某種情況下全力做你知道該做的，因爲這麼做就會成長。有時機會出現你無法把握，有時你努力學以致用卻失敗，但你只能在每個狀況中盡最大的努力。有一件事是確定的：機會將不斷出現，直到你成功爲止。

經歷這種生活實驗絕不簡單，但之後若能停留在那種緊繃的狀態中，並改變你所見到的，將會有股強烈的解脫感。這一段寫到一半時，我感到一股平靜和內在力量的波浪襲來。我辨認出那是完全改變某種潛藏在制約模式下的恐懼後，所帶來的解脫。這時我聽到有人在敲我的門，是班。他直視我的眼睛並告訴我，他對自己的反應感到抱歉，雖然我說的話讓他不悅，但他不該把自己的挫折感發洩在我身上。內在和外在世界的確是一體兩面，在此獲得了證明。

換你了

舉出過去你不順從當時狀況，決定我行我素，拒絕狀況要求的例子。（我指的不是危險、痛苦或傷害他人，而是基本上你所擅長的事。）這些狀況最後如何演變？你能想像若你達成狀況要求，事情又會如何嗎？你是否問過自己，怎能預料事情會如何演變？

此時的生活中，你是否被要求做某件事，但你真的不想做（同樣略過危險或痛苦的活動）？如果有，你怎麼知道倘若達成要求會如何？你為何不順從狀況？

試著做到這些要求，然後記下其後數天和數週發生的結果。

四、迎向你抗拒的事物

每當生活中發生你強烈抗拒的事，就是學習的大好機會。但是，除非你了解下一條「投入」的規則，否則機會一定會擦身而過。

你可以舉一件自己鐵定拒絕的事。有個常見的例子是拒絕去倒垃圾，因爲你認爲這是另一半的工作。另一個例子是你絕對不吃蘑菇，因爲你小時候很討厭吃，認爲自己現在還是如此，即使你已二十二年沒嘗過。比較嚴重的例子則是拒絕打電話給你妹妹，因爲多年前你們吵架，你認爲應該是她打給你。或者你左腳已經痛了好幾個星期，但是你不想看醫生。差不多就是這樣。

每隔幾年，晚間新聞便會報導令人瞠目結舌的「垃圾屋」——從裡到外塞滿陳年垃圾的房子。我自己有個理論：這些房子有的是夫妻間爭吵造成的，因爲其中一人或兩人都拒絕倒垃圾，於是垃圾愈積愈多，直到完全失控。房子最能貼切反映住戶內心的狀態；

而為了維持「拒絕倒垃圾」的決定，他們讓自己的房子變成垃圾堆。這就是抗拒的威力。抗拒會阻止流動，導致任何事都無法解決、改變和成長——唯一滋生的只有黴菌。

念大學時，我在一對新婚夫妻家租了個房間，兩位房東正為了誰該洗碗而爭吵不休。幸好我有學校餐廳的餐券，沒捲入戰爭。夫妻倆原本協議一人一天、輪流洗碗，但顯然兩人都不喜歡這項差事，因此每吃完一餐，髒碗盤就擱在水槽裡泡水。隔天的碗盤繼續堆上去，直到夫妻其中一人（通常是妻子）再也受不了，憤怒地洗掉所有碗盤。接著她會對丈夫發火，然後累積新一批的髒碗盤。

倘若這是你的遭遇，你會怎麼做？記住，如果這種事發生在你的生活中，就算明明白白是對方的問題，你也必須採行「你才是最重要的」的觀點。克服問題的唯一方法是迎向你拒絕做的事——以這例子來說是洗碗、表達己見，或兩者皆是。

藉由迎向自己抗拒的事物，你打造了恢復流動的環境，即使途中得歷經幾次艱困的討論。在上面的例子中，你也許站在妻子這邊，表面上她顯得比較理性。但是總有些理由使得人們認為自己是對的。事實上，拒絕做某件事的衝動總是透露出陰影中有某種潛藏觀念，並能據此找出那個觀念。現實狀況中，丈夫每週工作五十個小時，妻子則是做兼職工作。丈夫認爲妻子並未盡到本分，妻子則認爲伴侶關係中的雙方應該平均分攤家務，因爲沒人喜歡做家事。她也認爲丈夫工作時數不該那麼長，而且認爲他故意工作這麼久，是爲了避免跟她相處。你可以看到這麼多觀念如何阻擋眞正的「投入」。

當雙方都忙著滋養自己的怨恨和義正詞嚴的憤慨，怎麼可能全心體驗洗碗的過程？大多數的人是這樣利用時間的：抗拒眼前該做的事，全心全意相信自己是對的，認爲與我們意見不合的人非常不理性且顯然是錯的。我們的苦難就是這麼來的。

換你了

列舉出你所抗拒和拒絕的事。這能幫助你找出「生活中有哪些事我絕對拒絕？」（再次強調，不包括危險或傷人的活動。）你能找出助長拒絕的潛藏觀念嗎？倘若你迎向拒絕做的事，生活會有何改變？倘若這麼做的機會自動出現，試著擁抱你抗拒的事物，看看會發生什麼事。

五、一次做一件事

同時執行多重任務與做了過多承諾，最能顯示出我們在清醒的生活中夢遊。如同第三章所言，對腎上腺素成癮讓我們誤以爲完成了所有事，其實只是在消耗大量的時間和精力，無意識地以快轉模式汲汲營營。在電影《命運好好玩》（*Click*）中，主角得到一支神奇遙控器，能快轉自己人生中無聊和不自在的部分。由於他無意識地度過許多時刻，當他發現自己不記得大部分的人生，這件神奇禮物變成了夢魘。身體以自動駕駛模式操作，而他邊開車邊打盹。

許多人變得效率驚人，卻同時也變得愈來愈沒效率。效率（efficiency）取決於產量，效能（effectiveness）則指某件事眞正有效的程度。我們有效率地管理輸入和產出，卻忽略了一開始就該做的，導致我們在首要工作上變得沒效率。當「趕工」成爲勤奮勞工的特徵，效能變得難以評估。但趕進度令人難以全心投入地完成工作——受到速度的妨礙。相反地，有效能的人比較可能全心投入手上的事，因爲他們比較懂得慢慢來，而且一次只做一件。全心投入能賦予做事的人眞正的價値和意義，少了這些，就只剩下忙碌。

補救辦法很簡單，只需承諾做單一任務（一次做一件事），並且願意試驗你用來溝通的工具。舉例而言，與其讓接電話或即時回覆電子郵件打斷工作，試著在完成手上的工作前，先將湧入的訊息擱在一旁。之後再回頭檢視所有訊息，先回覆需要立即處理的，然後在你完成下一件要事之後，排定一個時間回覆其他訊息。安排事情的優先順序很簡單，但在我們趕著有效率地處理紛至沓來的事物時，卻很難辦到。所有訊息彷彿雨滴般打在頭上，我們四處亂跳想避開雨水，注定徒勞無功，連帶的也沒有時間打開雨傘、有效地因應傾盆大雨。

倘若你是那種需要隨時取得訊息的人，測試你的信念的唯一方式，是迎向逃避的事。關掉你的手機和黑莓機，看看會怎樣。我想你會發現：就算沒時時緊盯，世界也能如常運轉（你可能得適應這個事實）。你一定會發現：最需要你專注的是手上的工作，但你因不斷分心而忽略了。

即時訊息讓狀況變得更糟。如今在電話會議和開會時傳送即時訊息相當常見，當你問了旁邊的人一個問題，可能會發生尷尬的停頓與沉默，因爲對方正和別人在線上交談，得搞清楚會議進行到哪裡。這就像小學時代在上課時傳紙條，你還記得在那堂課學到什麼嗎？開會也一樣，倘若你無法專心開會，出席是沒有意義的。

多工的行爲模式很容易上癮，因爲充滿了腎上腺素的刺激，並且使你自覺受人需要、具重要性。別人希望你參與會議，同時間你正在回覆剛收到的電子郵件，讓你覺得自己滿重要的。最後，和親朋好友互通即時訊息，更使你覺得自己不可或缺。你非常忙碌，而忙碌等於重要，因此你一定是大人物。但一整天下來，你覺得筋疲力盡而氣餒，卻不知道爲什麼。

因爲你並未出席自己的生活，沒人在家——只有一大堆活動。眞正的溝通非常有力，能夠改變現狀，但只發生在你全神貫注時——不管是講行動電話、收發電子郵件，或是坐在某人對面。用什麼媒介溝通不是重點，要緊的是你是否眞的參與。

大量的訊息出現在信箱中、螢幕上，引誘我們到並非自己抉擇的夢想世界。我們選擇進入，只因那世界就在眼前，卻鮮少停下腳步自問：「這眞的是我現在想做或需要做的嗎？」然而，一旦按下按鍵或滑鼠，便被那個世界的故事情節所吸引。這就是廣告背後的基本原則，但不是只透過我們視爲廣告的訊息運作，形式之多出乎你的想像。每個人都試圖教我們專心看**他們**對夢想世界的詮釋。現今有那麼多裝置讓人分神，倘若我們不注意正在發生的事，會被一個接一個不需動腦的活動牽著鼻子走，而這些活動只會確保我們在自己的生活中繼續沉睡。但是，你可以做另一種選擇，唯一的條件就是「要保持專注」。

除非能回歸一次做一件事，否則我們很快會罹患新形態的精神分裂症，無法辨認對我們說話的聲音，也不知道接下來該做什麼——而這都是自己造成的。事實上，人類發明工具來幫助自己應付狀況，反倒讓我們變得無能，無法從事任何眞正有意義或令人滿足的事。幻覺將變得完整，我們也將完全迷失在自己造成的夢魘中。解藥是什麼？關掉螢幕，看看四周變得多安靜——靜得嚇人。

換你了

隨時留意執行多工任務的行為。倘若你習慣永遠開著電子郵件信箱，並立即回覆信件，請試試其他做法，例如：兩個小時開信箱一次，抽出二十分鐘回新郵件，再繼續做你該做的事。或者，倘若你的工作性質並不急迫，或許能一天開兩次信箱，早上上班時開一次，下班前再開一次。或者你可以像我一樣，在達成當天的首要目標後才打開信箱。倘若你常與別人傳遞即時訊息，為自己訂定一些規則，比如「我能專注地和別人進行線上交談時才做」，或者「我絕不在開會或電話會議時使用即時訊息」。這些小改變的效果會令你大吃一驚。你會發現自己比較放鬆，壓力減輕，專注力提升。

逐漸覺醒

藉由把這些「投入」的規則當作指南，你開始過「不用大」的生活，會發現自己的重心改變了。神奇的是：你會發現，用來改造生活的藍圖並非靜止的。它不斷演化，時時刻刻都在改變，就像你自己一樣。愈是探索自己，愈是傾聽生活透過每次體驗所要告訴你的，你就會找到愈多的重要性。你仍是有生產力的社會成員，你仍會每個月繳帳單、每天送小孩上學、購買需要的新沙發或茶几。但是，你將不會冀望這些活動能爲生活帶來更多意義，反之，你將**實現**以往**追尋不到**、更高層次的意義與重要性。

一旦認清想徹底體驗活著是什麼感覺的欲望，並嘗過全心投入時可能萌生的創意，你就會了解整個生活就像一塊畫布，而你是畫家。有一張賀卡在我辦公桌上方的布告欄貼了十年，早已殘破不堪，但每當我讀著上頭的文字，仍然深受鼓舞。賀卡上是這麼寫的：

> 我所認識最明顯的創作者，是以生活爲媒介、表達無法表達之事物的藝術家——他們不用畫筆、鐵鎚、黏土或吉他。他們不作畫也不雕刻——他們的媒材就是存在。他們所碰觸的東西，都增添了生命力。他們看到了，用不著作畫。他們是生活的藝術家。
>
> ——J・史東（J. Stone）

當我們學會透過完全覺醒的雙眼觀看，每個人都有潛力變成這樣的藝術家。你可以讓生活變成任何想要的模樣，但是在找到全心投入當下所帶來的自由之前，你只能臨摹，畫不出任何東西。在此之前，雖然你可能相信自己在爲你的成長和演進做最好的決定，但眞正做決定的，其實是你稱爲「我」的一連串過往的制約模式。你愈能看清生活眞正的重要性隱藏在故事情節之下，就擁有愈多的自由，並且能成爲自己人生畫布的畫家。

這裡的重點是：不能將「全心投入」和「成爲自己畫布的畫家」視爲目標。一旦視爲目標，它們便會跟你分離，讓你無法觸及。

完全覺醒的經驗非常罕見，但在人生路途中愈來愈覺醒卻很有可能，而且能陡然改變你的生活經驗品質。當你認清自己的覺醒，會發現你**一直**是清醒的。我知道這在邏輯上講不通，但從更寬廣的意識觀點來看非常合理。以節肢動物的眼睛來比喻，察覺眞相的意識好比透過整個複眼觀看，而目前你用的只是單一鏡頭。

前幾天，朋友瑪歌和我討論起這件事。數個月以來，瑪歌對「意識」這個詞彙感到沉迷和困惑。我們的老師艾爾經常說，死時唯一帶走的就是我們意識到的意識。瑪歌總喜歡尋找明確的定義，所以想知道意識到底是什麼。意識來自哪裡？還有，我們爲何擁有意識？她並未用思考頭腦去找解答，而是活出問題，看生活中會出現什麼樣的說明。上星期她在沉思時，一段話浮現腦海，爲她的問題帶來重要線索：

我們不是有意識經驗的人類，而是有人類經驗的意識。

她這段話一出口，我的心顫動了一下。「說得太棒了！」我驚呼。簡單的一段話，讓我們以截然不同的觀點看待世界。倘若終極的我們是意識本身，而人類軀殼只是讓我們看清眞相的鏡頭，那麼，我們直接體驗到的一切就無法從渴望記住的整體中分割出來。我們是意識本身，但我們能了解這一點的唯一時刻，就是「現在」。藉由使用藍圖，你開始從宇宙的觀點觀看事物；儘管如此，新藍圖還是爲你的生活提供了個人專屬的計畫。藍圖指示你使用的觀點，正是宇宙在你的生活中感知自身的觀點。你身體的感官只是讓那項觀察發生的機制。

因此，與其爲了追求重要性而大肆購買和匆忙過活，我們只需將這些簡單的機制安裝在生活中，好一再地回到「現在」正在發生的事情上。我們必須使用關於制約模式的知識（關於建立新的制約行爲），好在夢中清醒，並隨時「意識到我們是有意識的」。

此刻你必須了解：即使體驗到眞正存在和覺醒的機會可能非常少，你每一刻的行爲都在爲自己的逐步覺醒設定環境。當你在生活中面臨抉擇，根據上述的「投入」規則做當下你覺得合理的選擇；而當你體驗選擇帶來的結果，你必須知道自己的體驗將教你學會你所需要學習的。（這是讓你逐漸擺脫制約模式、並展現更多眞正本質的唯一方法。）

練習

改變你的行爲

下面的練習看起來可能很簡單，但要眞正做到並不容易，因爲你必須改變可能不自知的行爲模式。當我剛開始上第一位老師珍的課，她給了這項作業，深深影響我體驗日常生活的方式。她要求我在九個月內改變她所列出的三個行爲模式。她一說出那些模式，我馬上了解到自己有多麼眷戀它們，但在那一刻之前，我並未察覺到各個模式界定了我對自己的了解。底下就是她要求我改變的三個模式：

1. 你總是穿長裙，不要再穿裙子了。
2. 你已經蓄長髮好多年了。把頭髮剪短。

3. 每天下班回家後，你都會喝一杯葡萄酒。下午五點**之後**必須滴酒不沾。

結果，這三項作業成爲很棒的改變催化劑，改變的不只是行爲模式，還包括我的整體自我形象。接到這項練習時，我連一條褲子都沒有，當天下午必須到服飾店走一趟。在此之前，我從未認眞想過這件事，但我的自我形象深深烙印著裙裝。頭髮作業並不容易，剪成短髮令我心碎。顯然我非常眷戀長髮。其實，雖然足足剪短了十五公分，我並未盡力去完成。如今我對制約模式了解得更多，當時應該剪得超短，才能徹底體驗兩者的落差。

但珍最聰明的要求，是要我下午五點之後不再喝酒。她知道我很忙，下午五點前不可能有時間喝酒，但暗示我五點前**可以**喝酒，讓我不致覺得享受橫遭剝奪。我想戒掉喝酒的習慣有一段時間了，不是因爲喝得太多，而是我發現酒精會讓我的感官變得十分遲鈍。她的作業突然提出一項解決之道，讓我又驚又喜。我的夜晚生活品質大幅改變，只因我變得更清醒。

這些改變讓我親身體會到我對自己的想法很武斷，也讓我體會到只要稍微改變行爲模式，大轉變就會自動出現。如此一來，我們能扭轉自己的習慣，將習慣轉變爲個人獲致重大成長的工具。當你找出自己的習慣，可能會發現自己將其中一些習慣視爲有意識且實際的選擇，但卻說不出個好理由。這兩種習慣都適用於這項練習，因爲就算是你純粹出於功利考量而採用的習慣，也很可能有更高層次的意義。不管你改變了哪些習慣，都會發現所做的一切將影響你和別人看待自己的方式。

但是，倘若你無法客觀地觀察自己，便很難得知改變哪些行爲能造成最大的轉變。因此，若沒有像珍這樣的人幫你做選擇，我想出一套方法來幫你。開始進行之前，在你的筆記本上寫下底下每個問題的答案。

關於服裝和外表：

- 你的衣服全部或泰半是同一種顏色嗎？如果是，是什麼顏色？
- 你總是或泰半穿某類型的服裝，例如牛仔褲？
- 你的頭髮總是同樣的長度或髮型？
- 倘若你是男人，你的臉上有毛髮嗎？
- 你總是或從不化妝、搽香水或古龍水？如果是，是哪一種？

關於習慣：

- 每天早上或晚上，你都習慣看報、看電視新聞或聽廣播嗎？
- 你習慣在每天某個特定時間收電子郵件或上網嗎？
- 你習慣在每天某個特定時間喝杯咖啡或茶嗎？
- 吃飯時你習慣坐在同一個位置嗎？

- 早餐、午餐或晚餐你常吃同樣的食物嗎？如果是，是哪些食物？
- 你吃完飯會馬上清理，還是擱一會兒才清理？
- 你出門上班或下班回家時，常常耽誤時間嗎？如果是，爲什麼？要怎麼改變，你才不會如此？
- 出門上班或下班回家時，你常感到沮喪嗎？如果是，爲什麼？要怎麼改變，才不會如此？
- 有什麼行爲模式是你意識到但上述問題沒提到的嗎？

寫下問題的答案後，將每一項模式依你眷戀的程度給予一到五的評分，眷戀程度最高爲五，最低爲一。挑出三項慣性模式，並在接下來六個月予以改變。

你對某種習慣堅持的程度愈高，它對生活的影響愈深遠。因此，倘若你挑出三項五分的模式，挑戰一定很大，但是要知道：此舉能大幅改變你的生活。倘若你挑出三項一分的模式，不會經歷太大的改變，你仍會看到影響，只是程度比較小。

倘若看過清單後，仍然找不出你的眷戀行爲，我建議你請了解你而你也信任的朋友幫忙。能在自我發現的過程中幫助你的朋友，是無價的資產；眞正的朋友會說你需要聽的話，而不是你想聽的。生命中眞正的朋友會看到你最大的潛能，而不是助長你的自我形象，雖然後者能讓你感到短暫的快樂。眞正的朋友能幫助你實現眞我，愈常和他們相處，你的旅途就愈加筆直順暢。

由於我們所做的一切都環環相扣，生活中某部分一改變，其他部分會跟著受影響。當你改變生活方式，生活會出現重大的轉變，而此練習是我所知道最能幫助你領略這點的方法。

原則

校直

我們會希望住家的某些設計彼此「校直」。例如：房子有個碩大的山形屋頂，窗戶最好就在山形牆山脊下方的正中央，否則看起來會不平衡。或者浴室洗臉台上方的嵌燈偏離洗臉台中線幾吋，看起來就是不對。竣工後，有些地方看起來明顯需要校直，但在完工之前是看不出來的。房子蓋好了才說哪裡應該校直很容易，但若事前沒有將期待告知工人，他不一定和你有同樣的想法。在你看來是明顯的缺失，對他來

說或許沒什麼。

生活也一樣。我們可以每天做些活動，例如匀出時間靜下來、探索反應和批評，以調校現在的自己和未來的自己。若不這麼做，生活的整體設計會變得混亂，就像山形牆上偏斜的窗戶。生活各層面一旦失序，我們眞正的潛能也無法校直。

有些內心的渴望似乎與我們前進的方向吻合，但假如我們不對自己說出這些渴望、不承認內心的騷動，渴望就無法實現。我們毋需迫使什麼發生，只消說出對某件事物愈來愈感興趣，或是渴望著手從事延宕經年的事，就能獲得上蒼的支持。重點不在自己動手，只需要告訴建築工人這對我們很重要，事情自然就會發生。

這一章講述的是將你和自己的人生校直，方法不在迫使事情發生，而是繼續參照人生藍圖，好讓你勇敢朝眞正的本質邁進，不致偏離正軌。

11 維持改造後的新生活

黎明的微風有祕密要告訴你，
別回去睡覺。
你必須要求你眞正想要的，
別回去睡覺。
人們不停跨出門檻、跨入門檻，
往返於兩個世界之間。
大門已敞開，
別回去睡覺。

——魯米

新藍圖的功能

幫助屋主改造房子之後，建築師最大的榮幸之一，就是在數個月後接到屋主的晚餐邀約。屆時屋主已搬進嶄新的家，改造後的空間顯然改變了他們，並重塑了他們的行爲模式。幾乎所有客戶都會提及，剛發現以往不便的活動變得流暢時有多麼驚喜。他們也經常提到某個簡單的設計減輕了壓力，比方說準備晚餐時能看到彼此，或是看新聞時能關上門，將小孩玩電玩的聲音阻絕在外。

然而舊習難改，有時即使家中納入新的機能性空間，例如郵件分類處、資源回收處、每位成年成員的專屬空間等，屋主卻忘了得調整行爲模式才能善加利用。郵件分類處像樣品屋似地一塵不染，其實是乏人問津；資源回收處還在等候第一個鋁罐和玻璃瓶；各成員的私人空間仍和剛搬進來時一模一樣。問題出在：屋主渴望改變生活方式，環境也已經爲此做好準備，但人尚未改變。繪製藍圖時設立了最好的目標，但得堅持到底才能達成，否則改造徒然是浪費時間、金錢和空間罷了。

因此，建議屋主製作「使用者手冊」通常很管用，能提醒自己究竟花費心思做了什麼，以及先前大費周章的原因。偶爾查閱手冊，能確保居住者善加利用所有裝置。改造生活也一樣。我在書中運用許多故事和練習，協助你進入「不用大」的全新生活方式。這些工具能賦予你新觀點，看穿事物表象，從而全心投入所做的一切。但本書即將進入尾聲，你可能不確定記得住所有工具。倘若沒建立新的行爲模式以支持你的新體認，你很快又會睡著，而且自以爲此刻已全然清醒。

爲了讓你大致了解甫完成的生活改造，一起來複習一下新藍圖的重要特性和功能。先仔細思考下列特性：

1. 新藍圖能幫你找出激勵自己的事物，釐清是什麼阻礙你過眞正想過的生活。
2. 它教你找出並移除制約模式與潛藏觀念；這些東西再也派不上用場，還會使你看不清眼前的事物。
3. 它教你以不同的方式**閱讀**生活，好看穿生活的情節，並看到隱藏在表象之下的意義。
4. 藉由反映外在世界，它揭露你的內在世界是怎麼運作的，同時揭露生活的內容正是喚醒你的最佳工具。

5. 它讓你同時以兩個觀點觀看事物：其一是主觀觀點，亦即從你身爲自己生活中某個角色的角度去觀察；其二是客觀觀點，亦即從「觀察員」的角度觀察你如何過日子，以及這麼做時發生了什麼事。
6. 它只描述「現在」，不回首過去、不展望未來，除非這麼做能幫助你更加看清當下。
7. 它揭露生活大小事件所蘊含的高度同步性，只說明了意識運作時隱含的和諧。
8. 它讓你透過更寬廣的角度觀看（比方說看到整匹斑馬，而不是只看到黑白條紋），也讓你看到原本的矛盾如今變得非常合理。
9. 它稍微改變你從事日常活動的方式，讓你得以改造生活，還帶領你進入存在於經驗本身中更高的意識。
10. 它讓你察覺：個性試圖掌控事物、迫使事物按照其意願進行，阻礙了自然的流動。
11. 它能夠持續反映改造生活和演進的過程，幫助你發揮最大潛能，成爲最眞實的自己。
12. 它提供你新視野，讓你看清自己之所以一直迷失在表象中，是因爲相信外在世界與自己的生活分離。

我們經常只使用新軟體的一、兩項功能，因為那是我們在安裝後頭一週就上手的；改造後的新生活也是如此。但是新藍圖的內涵遠超過你第一眼看到的，只要繼續探索其功能，往後就會持續改變你的生活。大幅度的更動（比如拆除牆面以開放某些內部視野）將會自動發揮功效。一旦你領悟到一切都是反射，則生活陷入混亂時你可能會馬上反問：「倘若我才是最重要的，這狀況揭露了我哪個面向？」然而，你的內心風景中較不明顯的改變，更需要刻意維修，才能發揮神奇功效。

因此，我在本書最後的附錄中整理了「生活不用大使用者手冊」。藉由每年至少一次、花點時間複習這些材料，或者在生活中感到困頓或沮喪時閱讀，你就會有辦法運用手冊中所有的面向，而不僅限於眼前看來容易建構的事項。

想想看，要是沒有使用者手冊會是什麼情況。如果你不把學到的事情記在隨手可及的地方，萬一遭逢特定的狀況，不太可能還有工夫去書中尋找所需的章節。在許多案例中，不大醒目的改變（初次閱讀時甚至不會注意到）卻有最大的效果，讓你一再發掘自己更多的潛能。因此，附錄中的素材不僅是要提醒你到目前為止我們討論過的一切，也是長期維繫生活的工具。

在此提供你另一種方式來理解使用者手冊的功能——它就像是酸味酵頭。如果你做過酸麵包，就知道要讓麵包具備這種獨特風味，必須經過將發麵和水調好的程序。酵頭先存放在冰箱中，每一團麵包中加入少許即可。從使用者手冊中舀出一匙的成分，加入每年的生活之中，就會持續製造「生活不用大」的氣味，幫助你不斷成長爲眞正的你。

這份使用者手冊包括五個部分：

1. 支持你不斷成長的例行公事
2. 揭露更多眞正潛能的策略
3. 提醒自己持續改造的工程
4. 持續自問的問題
5. 留心警訊

不管你依據新藍圖過了多少年的生活，偶爾仍會感覺壓力大到喘不過氣來，這時，停下來把注意力放在單一事件上。冥想一下，把其他事情甩開個一、兩天，甚至一、兩個星期。壓力過大時，生活中的一切似乎會膨脹到無法控制的地步。這時你得謹記：生命中唯一不變的，是「改變」本身；沒有什麼事是恆久不變的。冥想能協助事物前進。藉由接通（隱藏於「心猿」狀態背後的）靜止和（冥想促成的）開放的胸懷，你不會再擋住自己，而身體需要釋放的將能浮現，並獲得釋放。你什麼都不需要做，只要坐著，不管想法來得多快多猛，都任其通過，籠罩生活的烏雲就會逐漸散去。

換你了

現在就立即詳讀附錄各節，務必熟悉裡頭的內容。從頭到尾讀過其中的項目後，依據現階段的生活狀態，挑出每一節中對你最重要的五個點，記在筆記本裡。或許你也會想記下來這些項目讓你覺得重要的原因。此外，閱讀時花點時間回頭去翻看你的「生活不用大」筆記本，在各類別之下有沒有你已經發現、但使用者手冊中沒提到的事項。這些對你同樣別具意義，一定得清楚記得並加以追蹤。

讀完本章後，回過頭來檢視你選出的項目，寫在紙上或者打字列印出來，放在你能經常看到的地方。在未來的一年中，這張清單具備地圖的性質，能提醒你想要專注於什麼事情上頭，以變得更接近真正的你。每一年當你進行年終儀式時，都要重讀這份使用者手冊，確認在接下來所要進入的階段中對你最要緊的事，並據此更新清單。

傾聽內心

最後一項維持「生活不用大」的工具，能爲你帶來長期的益處。這有點像是年度評鑑或是汽車健檢，只不過檢查的是生活的所有面向——身體、心理，乃至於精神層面，當然也包括你的內在世界和外在世界。這過程在我生活中兩個特殊階段自動出現，最後有助於促成我重拾自己第一個最愛——寫作。本章結尾的練習將詳細解說過程，接下來的例子則是要幫助各位讀者了解，年終儀式如何指引你的人生旅程。

一九九六年首度造訪北卡羅萊納州時，我大步跨出自己的慣性模式。當時我和家人前去度假，我們租了間舒適的海灘小屋。享受一星期的沙灘、陽光和衝浪後，我們離開小屋，沿著海岸前往基蒂霍克（Kitty Hawk），大家都想去萊特兄弟博物館（Wright

Brothers Museum），只有我不想去。雖然我很欣賞萊特兄弟的成就，但那天下午我並不想參觀**任何**博物館。那次假期除了讓我在日復一日的工作中喘息一下，也讓我抽離尋常對自己的認知。我感覺好像有什麼在覺醒，而且隱約感覺到內心正湧起眞正的渴望。我只想獨自坐上幾個小時，更仔細傾聽靈魂的耳語。

通常我會撇下自己想做的事，勉強跟著大家去博物館，因爲我一直覺得這樣做才得體；但是，那天我卻不太在乎別人的想法。因此當家人進博物館看飛機、相片和歷史文件，我拿出筆記本，坐在溫暖的草坪上，展開我現在稱爲「傾聽內心」的過程。

我先閉上雙眼自問：「我人生眞正的目的是什麼？」坐了一會兒後，彷彿有個隱形的水龍頭打開了，願望和渴望開始傾注到腦海中。我不完全是在思考，雖然的確是思考才能讓我把這些想法寫下來。接下來一個小時，我洋洋灑灑寫了六大張；成年後二十年來所有被壓抑的渴望，像漁夫無意間將漁網撒向一大群拚了命想游出水面的魚。寫完後，我的臉因興奮而漲紅。對於成年人應該如何過生活我有著許多信念，但當時我瞥見了這些信念底下蘊藏的可能性。

我依稀記得那張清單上頭的幾個項目，像是：有股衝動想重新開始寫作，以及想閉關一、兩個星期。「明確的渴望是什麼」倒是其次，更重要的是：有機會發聲時我的心是敞開的，內心願望立刻毫不猶豫地主動呈現。傾聽內心之前，我渾然不知這些願望早已存在心中。只要善用傾聽內心的能力，航向「眞我」的旅程便有了羅盤。

之後，更驚人的事發生了。事實上，我什麼都沒**做**。旅行結束後，我把清單放進家中床頭櫃的抽屜裡。過了一陣子，根本忘了有這份清單。現在回想起來，我發現自己就是從這一年開始抽空寫作。也是在這一年，我首度在行程表中排進空檔，做當天想做的任何事。一年後我在翻找東西時，意外看到那張清單，我發現上頭許多願望此時都已經實現，眞是太敎人驚訝了——彷彿讓願望浮出水面，它們就能在生活中萌芽、生長。

但是，當時我只覺得整件事有點詭異，並沒有認清自己偶然發現的事具有什麼樣的力量，也沒有想到可以將「傾聽內心」一事融入生活。但這個想法自動出現了，在我追求顯然不相關的某件事時出現了。

諾曼蒂・艾里斯（Normandi Ellis）是我最喜愛的作家之一，我是透過她的著作《甦醒的奧西里斯》（*Awakening Osiris*）和《伊西絲的夢》（*Dreams of Isis*）而認識她的。我的老師們偶爾會朗讀她的作品，她的文字爲我生活中某些最深奧的時刻增添了色彩，相信未來幾年也會如此。上述兩本書深刻剖析了覺醒的過程，第一本是古埃及《亡者之書》（*Book of the Dead*）的新詮釋，第二本則記錄了作者本身的自我發現過程。她揭示「心靈旅居」（spiritual sojourn）所蘊含的珍寶，讓我以同樣的深度和含義檢視自己的心靈。

每當讀到文字深深打動我的著作，我常希望有機會見見作者，親自致謝，但我從未想過會遇見或認識諾曼蒂。然而奇蹟似地，她突然出現在我當時的老師珍的生活中，我也因此接觸到她。當時珍以記者的身分，到美東參加一場會議。她抵達時才發現，必須持有餐券才能進入會場的餐廳用餐。餐廳已經客滿，餐券也賣完了，珍很不高興。她原本想藉這場會議訪問一些人，這下情況可能生變。沮喪的她於是坐在餐廳外的長椅上看書，祈求她想訪問的人會主動出現。

餐廳外除了她只有另一位女士，她坐在珍對面的長椅上。珍低頭看書，好一會兒那位女士起身，坐到珍的旁邊。珍仍然自顧自地看書，但覺得對方打擾到她了。後來那位女士清了清喉嚨說：「抱歉。」珍才沒好氣地抬起頭。到底要幹嘛啊？「你好，」女士鎮定地說下去。「我是諾曼蒂・艾里斯，」她說：「我有種預感我們應該要認識。」珍差點從椅子上摔下去，並立刻笑了起來，原來此刻坐到她身邊的，正是多年來文字深深感動她的人。倘若她們倆其中一人拿到進餐廳的餐券，很可能不會相遇。她們幾乎聊了一整個下午，最後還約定再見面。珍將在明尼亞波利斯舉辦一場由諾曼蒂主講的研討會，好讓我們這些讀過她著作的人親自見見她。不用說，我參加了那場研討會。

這則故事有個明顯的寓意：任何事都不是表面所見的模樣。當我們對某人或某件事感受到深刻的連結，我們會神奇且絕對同步地，將那個人或那件事吸引過來。

諾曼蒂的研討會對我最深遠的影響，是她所分享的一項工具，和我數個月前的工作產生明顯的共鳴。這工具便是創造一項年度儀式，以建立傾聽內心的技巧；在儀式中，你必須刻意打開內心未經開發的願望水龍頭。

諾曼蒂建議我們，每年最後五天撥空進行內省和自我探索。她要我們思索好幾個問題，並建議我們只在每年這個時候檢視前一年探索的成果。本章接下來提到的「年終儀式」練習中，我列出這些問題，再加上一些問題讓你整合自己所有的發現。

倘若你能夠一年一次抽空回答這些問題，產生的影響將令你震驚。你會發現：日常生活開始以嶄新且令人滿意的方式幫助你。當你檢視前幾年的紀錄，將這一年的發現形諸文字，你將看到自己的成長，令你又驚又喜。

練習

年終儀式

在古埃及的月曆上，第三百六十一到三百六十五天被視為眾神的節日，我則希望各位讀者拿這幾天來練習自我探索。年終儀式能大幅提升自我發現的過程。你可能會忘記這五天自己許了什麼願，一年後再回頭來看，卻發現即使沒有刻意計畫，許多你想做的事在過去一年自動實現，只因你容許自己傾聽內在渴望。

栽種植物時，你不會呆坐一旁盯著種子發芽。你知道有些種子會發芽，有些不會，但你無法迫使它們生長，你只能提供合適的生長環境。同樣地，你對自我發現唯一能做的事就是「慢下腳步」，讓自己得以專注於生活，並定期冥想以進一步探索眞正的自己。然而少了「播種」，這些事都不會發生，而這五天的練習就好比播種。

你可以依照自己的時間來設計練習，底下我先以自己爲例。十二月二十七日到三十一日，每天我會撥出兩個小時回答下列問題，其間不接電話、不回電子郵件，而且請家人別打擾我。展開練習之前我會冥想，以便在寫下想法、回憶和領悟時，能接收腦中出現的所有念頭。每年都將年終儀式安排在差不多同一段時間進行，比較會記得這件事。怎麼安排因人而異，要領是十個小時的專注，避免任何打擾。

你可以把下列問題的答案寫在筆記本中，或者錄下來也行，重點是讓過程變得有趣愉快，「水龍頭」才能暢通無阻。

首先，回答下列與「過去一年」有關的問題：

- 我把時間花在哪裡？
- 我採取的行動造成什麼結果？

- 結果產生哪些事件、體現和領悟？
- 什麼激勵了我？
- 我對什麼心懷感激？
- 我對什麼感到悲傷或失望？這些情緒如何改變了我？
- 我有什麼熱忱、成就、創作和喜悅？它們如何改變了我？
- 我今年讀了哪些書？對我造成什麼影響？
- 哪些電影和娛樂感動了我？爲什麼？
- 我去哪兒旅行？
- 我夜裡做的夢有哪些模式和主題？
- 我印象最深刻的夢是什麼？對我有何影響？
- 我發現自己的生活中有哪些模式和主題？
- 我察覺到自己的哪些制約模式？什麼經驗能讓我更認淸它們？

- 研究這些制約模式時發現了哪些潛藏觀念？
- 我發現了自己個性上哪些過去未曾察覺的面向？
- 我實驗或改變了哪些慣性模式？
- 過去這一年我採用了哪些新的行為模式？造成什麼影響？

接著回答這些跟「現在」有關的問題：

- 跟去年此時相比，現在的我有何不同？
- 我該如何將過去一年學到的重要功課融入生活？
- 現在是否有任何策略、格言、問題或警訊對我特別重要？如果有，為什麼？
- 我現在是否被要求做什麼事，但我拒絕了？如果是，倘若硬著頭皮做會如何？
- 我現在是否正試圖迫使什麼事發生？如果是，倘若停止這麼做會如何？

- 生命中是否出現新角色，能對我揭露我自己未察覺的面向？
- 最近有碰到同步發生的事嗎？它們想傳遞什麼訊息？
- 我正在塑造自己的哪個新面向？
- 我將成爲什麼樣的人？
- 我到底是誰？
- 過去一年，我對時間的體驗是否有所改變？

最後，是關於「未來」的問題：

- 詳述我希望未來的一年專注在什麼事情上，或是去體驗什麼？
- 多年後，我將實現或著手進行哪些願望、渴望或創作？
- 倘若最高層次的自己能以一句話總結我所有欲望和渴望，那句話是什麼？

全部問題到此結束。愈是全神貫注，這項工具的效用就愈強。我做練習時，會先回答所有問題。之後，我會重讀前一年的答案。通常在這個時刻，你能眞正領略到整場儀式的力量。

在這場儀式行將結束前，闔上筆記本，妥善地收起來。接著全然忘掉這件事。拋開在練習中寫下的一切——你無法掌控那個部分的過程的，你只是園丁。

原則

內在與外在

在建築設計中，**住家**最全面性的定義不只是結構和裡頭的物品，還包含周遭環境：院子，乃至於超出房屋範圍的景觀。設計良好的房子，能讓內在世界與外在世界的分野幾乎完全消弭；有很多種方法可以做到這點，但多數倚賴門窗的配置。窗戶涵蓋的區域愈廣，內、外感覺就愈沒有界線。

在生活中，我們也能學會看穿界線。我們常認爲自己就是這副肉身，但了解到世上一切反映了我們的內在本質後，才逐漸明白內、外並沒有差別——同屬於一個

整體。

類似在房屋設計中融合內、外在世界的方式，當我們學會將牆壁轉變爲門窗，就能揭開分隔生活內、外世界的面紗。有些架構看似將外在世界的敵意、危害隔絕在外，實則阻擋我們找到畢生追尋的事物。其實根本沒有內、外之別，那是人想像出來的，爲的是藉由體驗對比來了解自己。對比讓我們得知差別，也讓我們去感覺和認知；對比讓我們的世界看起來像是二元的：亮與暗，高與矮，大與小。

但是，一樣東西如何由大變小？黑暗在哪裡結束？光亮始於何處？其實沒有堅不可摧的分隔線。暗與亮落在同一道光譜的不同位置，光譜兩端是明顯的極端，但任一端都無法獨立存在。但不管房子還是生活，我們常常只看到差異和對立的兩極，而不是眞實的事物。察覺到對比能讓我們相信事有兩極，而正是這個想法，使我們覺得與他人有隔閡、與自己的「眞我」有隔閡。

同樣地，我們對內、外世界體驗的差異，讓我們能輕易地藉由對比了解自己。

但就像我們開始能看穿房子的牆壁，我們也了解在生活中，家是沒有界線的。家是我們生活的全部，我們對生活的經驗愈是開放，家的感覺就愈形完整。

12 自在人生

靈魂帶有感官，而智識像一條小溪。
當欲望的野草長得濃密，智識就無法流動，
靈魂生物繼續躲藏。但有時
理智的清晰思慮流動得非常強勁，
沖開了阻塞的小溪。
不再哭泣、不再受挫，
你的存在變得和你以往的匱乏一樣強勁，
甚至超越。歡笑且得到滿足，
熟練的流動催生靈魂的創造。你向下看，
那是意識清楚的夢。

用光做成的大門敞開，
你探頭向內看。

——魯米

超越自我認知而成長

一間房子愈能表達居住者的熱情，居住者愈能感到怡然自得。同樣地，生活愈能表達你的熱情，你在生活中也愈能怡然自得。矛盾的是，你得學會別擋住自己的路，好讓熱情暢快流露。我們面臨的障礙是「小我」（也就是「個性」）所創造出來的，小我隨時提防著，而且極盡所能地保護自己。

我不斷鼓勵大家別巴著小我不放，這樣眞正的你才會表現出來。小我看似牢固，實際上卻會將「我」和其他一切隔開，好讓「我」覺得能掌控和駕馭自己——這是幻覺，人終其一生都得看穿。

你必須謹記一件事：你唯一的工作就是投入，體驗當下這一刻該體驗的事，如此，隔離的牆才會倒塌。直接體驗正在發生的一切，才是通往眞正本質的途徑。你毋需做任何改變，只要全心投入並探索經驗，以了解自己爲何會有某些反應、想法和感受。當你看穿自己的各種濾鏡和制約，了解自己並非你原本所想像的，那些牆就會自行碎裂崩塌。

透過自我觀察，透過質疑跟你有關的事物，生活中的「門窗」會愈來愈多。當我們自以爲了解某件事，所有追尋只會證實我們原先的想法，制約模式只會讓我們看見濾鏡要我們看到的，**無法**揭露其他事物。要跳脫這個限制我們、令人氣餒的世界，唯有找出濾鏡，一一探究其根源，然後擺脫其影響。

一旦專注於每天的生活經驗，你會發現看穿濾鏡的素材不斷主動送上門來。這個過程沒有開始、沒有結束，會持續數年，而且能揭露愈來愈多眞正的你。愈能拋開先入爲主的偏見，愈能體驗到眞實的事物，活力也就愈可能塡滿你的世界。這就是「生活不用大」眞正的許諾。只要實行這幾頁的建議，內、外的界線會消弭，你將創造著實宏大的人生。

如今你不再藉由物質尋求滿足、不再冒險、不再狂飲咖啡，也不再趕赴一場又一場的會議，以說服自己還活著。如今你的內在世界有了餘裕，愈來愈了解**眞正**的自己，而不是原本所以爲的自己。

聽起來或許很可怕，因爲這暗示你毫無防備、無法掌控過全局。但我希望各位至此已經了解，你從未掌控過大局，你只是這麼以爲。待辦事項清單、進度表和熟悉的模式就好比一道道的牆，將令人不自在的眞相隔絕在外。然而，一旦我們能接受眞相，能在牆上開一、兩扇窗戶並且往外看，就會發現一切不如我們想像的可怕，窗外其實始終有著令人驚豔的美景。

當我們活在自己強加的限制裡，便會失去活力。麻木和不滿逐漸蔓延，促使我們追尋某種東西，某種與生俱來的權利。但我們常常在自己隔出來的封閉範圍內尋找，而我們渴望的更高層次意義，卻在牆的另一邊等待。

在牆上鑿幾個洞，逐漸打開通往**眞正**自我的大門，你就會發現眞正毫無限制的生活。**這**世界充滿了之前看不見且無法想像的各種可能性，因爲你現在會直接體驗生活，而不是隔了一段距離去體驗；因爲你現在全心感受生活，而不只是裝模作樣。於是，如今你終於能感到自在。家並非供你躲藏的地方，而應該讓你能充分體驗生活，沒有多餘的牆阻止你感到完整、展現十足活力。

讀者當中，有的人早先可能從未思考過自己的內在世界，有的可能已經修習沉思或冥想多年。爲了照顧到背景如此多元的讀者群，我寫了這一章的延伸內容，放在「生活不用大」網站上，有需要的讀者可以上網閱讀。

在你認眞做過本書的練習至少一、兩年後，延伸內容才可能帶給你最大的幫助。每年進行年終儀式時，你可以自問：「我準備好更上一層樓了嗎？」當你能自信地回答：「我準備好了。」就可以讀延伸章節了。在那之前，你讀了也未必能理解。要測試你是否已經準備好，可以看看能否吸收下一段的文字。當你眞的能夠聽到和思考關於眞正自我的問題，你就準備好了。

人生功課

幾個月前，我正在聽最愛的CD之一——柯曼・巴克斯（Coleman Barks）朗讀魯米的詩，魯米的四個字母浮現腦海，並且自動排列成問題。我大聲念出R—U—M—I，

「你是嗎？我是嗎？」（Are you? Am I?）不禁莞爾。我們各自扮演一個不是自己選擇的角色，然後逐漸相信自己就是那個角色。魯米不斷敦促我們從戲中醒來，記住自己**眞正**是誰。他告訴我們來到這世上的唯一使命，還記得嗎？這就是了：我們必須逐漸發現牆擋住了外頭的景觀，以重新整理自己；小我築起那些牆，是爲了保護自己免受**眞實**世界的侵擾。

所以，我們到底是誰？你眞的是想像中的你嗎？我眞的是想像中的我嗎？假如不是，那又是什麼？沒有人能替你挖掘出這些眞相，我們必須各自探索個人經驗；我們必須活出**即時**發生的每一刻的眞相。

若想體驗那種活著的感覺，就不能坐等事物改變，等待一切步上正軌。人們常常設定目標，然後告訴自己一旦目標達成，就能眞正過生活，結果是：眞正的生活一直被延後。此外，我們經常對眼前該做的事討價還價，抗拒著送上門來的事物——這回是等待「事物如我們的意」。又或者，我們認爲自己辦不到、還不夠好、不夠有才華、不夠堅強，所以無法做想做的事。基於上述原因，我們避開呈現在面前的，等待能力具足的那天來臨。然後我們納悶人生爲何就這麼過了，納悶自己爲何總是不滿。

問題出在你的自我，也就是你的個性、你的小我，它等待目標達成，等著偏好的事物出現，或是等待無力感消失。個性得以生存，正是倚賴你不專注、不做眼前的事。眞正的生活是「現在」，完完全全就在你的面前，只是你不接受。

眼前的這一刻，才是通往自我的路徑，一旦走上這條路，我們會知道自己過去爲何始終如此困惑和苦惱。魯米再次將這種迷惘轉換爲詩歌：

我曾活在瘋狂的邊緣，
想知道原因，
敲了一扇門。門打開了。
我一直從門內敲門！

什麼都找不到，無處可去，沒有任何人能讓我們不再沮喪和不滿。就像海裡的魚感覺不出自己被水包圍，我們已完全沉浸在自己追尋的意義中。

感到疲憊、受挫，想要騰出空間給更有意義的事物時，我們必須了解自己對滿足的想像與眞正體驗到滿足是截然不同的。要獲得滿足感其實很簡單，只消完全放手，不再眷戀以爲是自我的生活角色，並且意識到生活是用來揭示我們眞正的本質。我們需要做的只是專注，只是投入。

眞相必須直接體驗、親自探索，生命最大的矛盾之一，就是你必須成爲眞正的自我個體，才能獲取宇宙間的事物。一旦發現從事讓你超越小我界線的事情時最能專注，你就開始了解豐富且活力十足的生活需要哪些成分。你的體驗將容許自我認識更高層次的大我。若從未探索小我，你就永遠無法觸及大我——宇宙間的你。

該開始騰出空間給眞正重要的事物了，如今你至少已經瞥見它一直存在你心中，等待你打開大門，走進陽光。

這是覺醒的時候。醒醒吧！

當你跨越門檻時，以無法忘懷的方式爲自己記錄這一刻，並謹記生命擁有的遠超乎你的生活情節。

這就是我對「生活不用大」的定義，但願在與你分享設計藍圖後，你也能從這個新觀點出發，享受自己的人生。只要這麼做，你會發現生活愈來愈自在，而且符合甘地所說的：「在這世上，我們必須**成爲**自己希望看到的改變。」當你改變，整個世界隨之改變。滿足，就存在於這永無止境的展現中，存在於旅程本身。只要注意哪些東西進入了你的世界，那一刻你需要的導師和教誨將會出現，並一一顯示唯一眞正的導師：生活本身。

時候到了，打開大門，開始學習專注，清醒地參加這場最宏大的虛擬實境遊戲：

清醒的生活

地點：地球

年代：二十一世紀

身分：你

祝你一路順風，也別忘了你的使用者手冊。

歡迎你來到「生活不用大」的美麗世界。

附錄：「生活不用大」使用者手冊

完整讀過使用者手冊，並在每一節中挑出現階段對你的生活最重要的五點之後，或許你會想加上一條附註，以提醒自己從現在起算的十二個月之後，再一次閱讀這份清單，並更新其中的內容。請寫出下次檢視的日期，就像註明定期檢查空調系統或更換汽車機油的時間。你甚至可以將這個日期寫在行事曆上。現在看起來明明白白的事，歷經漫長的一年後，還是很容易遺忘的。在記事本上標註，有助於你把這件事情擺在心頭，提高明天、後年……年復一年做下去的機率。想想看，如果忘了定期更換機油，車子會怎麼樣？不做這項練習，我們的生活同樣會失修破敗。

一、支持你不斷成長的例行公事

使用者手冊的第一節是諸多例行公事，而且會不斷增添。在你看來，這些事情現在還很新鮮，但你需要經年累月地溫習、強化，以記住它們的重要性。每一件事都明確標示在本書中出現的章節位置，萬一你忘了如何落實，可以迅速回頭查閱。或許一年中會有這麼一次，你想重讀各節的內容，因爲隨著你對某一項原則愈來愈熟練，手冊中的字句、解釋都將更具意義。

A. 找時間和空間獨處

見第八章，第二四四頁。

你可以選擇每天冥想二十分鐘、三十分鐘、四十五分鐘，或者一小時。無論時間長短，都要持之以恆並全心投入，讓冥想成爲和每天刷牙一樣自然的習慣。

B.在「生活不用大」筆記本中記錄以下資訊：

- 重要時刻與同步性

見第二章，「找出生命中的重要時刻」，第六十三頁。

當你開始以更積極的方式經營生活，會發現體驗到比以往更多的重要時刻與同步性。但若不設法記下來，你可能會忘記。重點不在附和或認同這些重要時刻，而是將它們做為持續觀察自身改變的鏡頭。

- 觀察員的觀察

見第六章，「培養觀察員」，第一八〇頁；第四章，「找出你個性的基礎」，第一一七頁；第三章，「了解你看待時間的態度」，第八十七頁。

這些章節的內容涵括了看出潛藏觀念、對日常生活事物的反應模式、拒斥或評斷發生在你身上的事件，以及你在時間思維上的改變。

- 探究以上兩點

見第四章，「找出你個性的基礎」，第一一七頁；第九章，「我不是那個念頭」，第二八

這有助於更加了解你的信念、反應、排拒與評斷的根源。請記住，所有對制約模式的觀察都是**你**的糧食，而這些模式和你予以回應、拒斥或評斷的「他人」無關。你在清醒時刻中回應的對象，是要幫助你看清**自己**。

- 夢與夢的擴展

見第五章，「探索夢想世界」，第一四九頁。

假如你持續在床頭擺著日誌，並於醒來後花十到十五分鐘快速記下還記得的夢境，將會發現個人成長與發展所需的養分源源不斷注入。別忘了，夢中每個人物與意象都是你的某個面向，與他人無關。

- 對冥想與其他專注體驗的觀察

見第七章，「體驗專注」，第二一八頁；第八章，「找時間和空間獨處」，第二四四頁；第九章，「我不是那個念頭」，第二八九頁。

透過對重要時刻的觀察，目的不在附和或認同這些經驗，而是要藉由記錄的過程，協助你觀察正在進行的改變。當你置身生活之中，因爲改變發生得很慢，通常很難注意到。記錄觀察結果，讓你能看見正在發生的事物。

- 隨著刻意改變行爲而來的體驗

見第十章，「改變你的行爲」，第三二八頁。

只要你一覺得卡住、無趣或沮喪，改變一、兩種制約模式就能讓事情繼續往前走。要改變哪個模式不需要和你覺得卡住的地方有所關聯。單一的行爲轉變便足以牽動全局。這是必然的結果，因爲整個系統相互關聯。

二、揭露更多眞正潛能的策略

使用者手冊的第二節舉出一些過日子的具體方式，爲你的成長、演進提供最富養分的菜單。或許你會想經常參考這些生活態度，以防在某些情況下，發現自己的所作所爲與對你成長最有利的方向背道而馳。此處，我再次爲本書各章節增添參考資訊，讓你有更多的閱讀材料，藉以了解各種生活態度。每當遭逢困境，或是被環境壓得喘不過氣來，你將發現這一節最爲適用，閱讀後也最有幫助。重新架構這項議題，永遠能協助你看出

- 密切觀察你累積成癮的事物是什麼？：第八十五頁。
- 放手，喘口氣，讓事物自然浮現：第二〇九頁。
- 體驗一切事物，但不要附和或認同它們：第一七二頁。
- 追隨你的熱忱：第二九八頁。
- 清楚表達企圖，然後放手：第三〇二頁。
- 聚焦在你想要的，而非你不想要的：第三〇八頁。
- 順從狀況：第三一二頁。
- 迎向你抗拒的事物：第三一七頁。
- 一次做一件事：第三二〇頁。

三、提醒自己持續改造的工程

全書從頭到尾，我不斷拋出警句，希望做爲你記在心上的提示語，在有需要時能浮現腦海。反思的工夫做得愈多，就會發現各種狀況所需的指南常出自這些有限的語句之中。它們會在最不經意的時候躍然而出，若你能傾聽在閱讀本書的過程中一路發展的內在感官，將發現下一步最該做的事，或你最需要想起的了悟，就涵藏在某個警句之中。閱讀本節時，當一句警語自行浮現，或許你會發現更多幫助自己往前行的洞見。底下是對我來說最重要的二十句良言：

- 改變世界的**唯一**方式，就是改變自己：**第六十二頁**。
- 活出問題：**第一三七頁**。
- 一切都是反射：**第一五四頁**。
- 世界不在外頭，世界存於你心：**第一六一頁**。
- 你才是最重要的：**第一七〇頁**。
- 千萬不要低估個性：**第一七三頁**。
- 投入你正在做的事：**第一九五頁**。
- 追隨同步性：**第一九八頁**。
- 提出要求，就會有所得：**第二一一頁**。

- 人生是體驗經驗的過程：**第二一二頁**。
- 我們就能真正活得像**人**，而不是像**行屍走肉**：**第二二八頁**。
- 生活中所有事件都是旅程的養分：**第二六四頁**。
- 答案沒有對錯：**第二六七頁**。
- 你並不是你的想法：**第二七三頁**。
- **任何事**都沒有錯：**第二七五頁**。
- 永遠有人支持你：**第二八二頁**。
- 做你眼前該做的事：**第二八三頁**。
- 任何事情的發生都非巧合：**第二八三頁**。
- 念頭只能孕育它自己的本質：**第三〇三頁**。
- 倘若我以學生的眼光看待生活中所有發生的事，一切事物都可能教導我：**第三〇七頁**。

四、持續自問的問題

誠如我們所見，探究過去視為理所當然的觀念與制約模式的過程，是讓我們覺醒的強力工具。然而，當我們置身生活之中，很容易忘記我們是透過自動駕駛系統在運作；也很容易忘記要去探究。因此，這一節的使用者手冊提供一系列問題，目的在於讓你保持醒覺。每當你準備要做決定，請先讀過底下的內容，看有沒有什麼問題跳出來，建議你在定案之前先研究些什麼。這些問題不是要阻礙你的行動，而是要讓你在行事之前把自己的動機與潛藏觀念看得更清楚一點。有時，這麼一探究會提升你決策過程的品質，甚至改變最後的決定。不管是哪一種結果，你在整個探究的過程中會更加了解自己。永遠要記得，重點不在獲致單一、固定的答案，而是探索你的信念與期望的根本架構。

- 到目前爲止，你想怎麼改變世界？你能確認自己用過什麼方法，藉以實現你一直希望發生在自己身上的相關變化嗎？
- 透過每一次的購物行爲，你冀望找到什麼？購物代表什麼意義？是滿足了需求，或只是其他事物的替代品？

- 一旦生理的舒適感被滿足了，你能用自己擁有的資源（時間、金錢、精力）來完成什麼？
- 什麼時候你會知道自己擁有的東西夠多了？
- 有沒有什麼興趣或不同的事業，是你遲遲沒有付諸行動去追求的嗎？如果有，是什麼原因阻止你放手去做？
- 是誰或什麼事情讓你認爲沒有時間了？
- 你參與多少「業餘」活動？從中獲得什麼？
- 你說過八百遍的故事是什麼？爲什麼會一再說這些故事？每一則故事代表什麼意義？
- 你知道自己有什麼一直存在的行爲模式嗎？爲何你老是這麼做事？是從何時或怎麼開始的？
- 你內在的裁判對你的行爲有什麼表示？對於他人的行爲，它又怎麼說？
- 「發生在你身上的一切，無論好、壞或不好不壞，都是餵養你的養分」，你對這樣的說法有何感想？

● 當你附和一股想法，便有機會觀察發生了什麼。問問自己：
- 我附和這股想法時有什麼感覺？
- 我爲什麼附和？
- 對於同類的想法，我以前曾經這麼做嗎？
- 我從什麼時候開始附和這樣的想法？

● 當「壞」事或不舒服的事情發生時，問問自己：如果最重要的是我，這意味著什麼？
● 你要能善盡職責，哪些條件一定要到位？
● 如果人生所有的風浪都只是要讓你醒來，並成爲眞正的自己，有什麼事情你會採取不同的做法？
● 你如何好好過日子？
● 什麼是「現在」？

五、留心警訊

當你知道如何辨認警訊後，就能看出自己身陷許多行爲模式之中，或者是在「睡眠模式」中執行這些模式，即便你自認很清醒。這一節的行爲清單是要提醒你的觀察員。如果你在清醒時刻觀察到下文任何一項訊號，請先暫停片刻，讀一讀本節中相關的內容。這部分的使用者手冊非常重要，因爲當你感覺自己有所反應時，最難保持客觀。當你未能保持客觀，這份清單能給你方法以注意到自己的偏差；萬一這時你正在研究實際的事物，也會提醒你暫停一下。

- 留意神奇的想法與自我膨脹。假如你相信有什麼神奇的事情只發生在你身上，或者內在的聲音「告訴」自己負有特殊的任務，必須知道這是個性在作用，並不是眞的。

見第四章，「找出你個性的基礎」，第一一七頁。

- 當你認爲是別人而非自己讓你在生活中受挫，請停止這種想法。問題在於你，而且挫折的發生就是要讓你能更加了解**自己**。

見第六章，「世界存於你心」，第一六一頁。

- 反應永遠是制約模式與思考不清的產物，也是點出有濾鏡罩在現實之上的警訊。

見第六章，「你所相信的，並非全然正確」，第一七四頁。

- 事情該是什麼模樣，就會是那個模樣，你的想法無法造成一絲一毫的改變。

見第九章，「是『問題』？還是『契機』？」，第二五八頁；「辨認幫助內在成長的養分」，第二六四頁。

- 當你想找出正確的前進方向而不可得時，請記住，沒有所謂的正確答案。老實說，這麼做的你已經迷失在事物的表象之中了。

見第九章，「做你眼前該做的事」，第二八三頁。

- 如果你試圖用自己的方式去理解，一定會卡住，結果只會讓你更加混淆不清。

見第九章，「『工作頭腦』對抗『思考頭腦』」，第二六七頁。

- 當我們爲了世界的狀況而哀嘆，等於是在問爲何海面永遠有波濤。要讓事物的表象呈現完美的平靜與寧謐，是緣木求魚。

見第九章，「是『問題』？還是『契機』？」，第二五八頁；「辨認幫助內在成長的養分」，第二六四頁。

- 當你發現自認自己是對的一方，或者周遭有人、有事情難以忍受，此時的你正在體驗個性爲了求生存而奮力一搏。

見第九章，「是『問題』？還是『契機』？」，第二五八頁；「辨認幫助內在成長的養分」，第二六四頁。

● 注意推繩子的行為，一注意到就停止、自制。見第十章，「不要推繩子」，第三一〇頁。

國家圖書館出版品預行編目資料

生活不用大／Sarah Susanka 著；吳貞儀 譯.
-- 初版.-- 臺北市：大塊文化，2010.11
面；　公分.-- (from ; 68)
譯自：The not so big life :
making room for what really matters
ISBN 978-986-213-205-0(平裝)

1.生活指導

177.2　　99019702

LOCUS

LOCUS

LOCUS

LOCUS